別冊 NBL / No.189

東京大学比較法政シンポジウム

トップマネジメントと共に考える企業法務の未来

三井物産株式会社代表取締役社長
堀 健一

パナソニックホールディングス株式会社
取締役 執行役員 グループ・ゼネラル・カウンセル
少徳 彩子

EY弁護士法人アソシエートパートナー
前田 絵理

東京大学教授
松井 智予

東京大学名誉教授
平野 温郎

編

株式会社 商事法務

はしがき

　日本企業の法務部門は、経済産業省「国際競争力強化に向けた日本企業の法務機能の在り方研究会」報告書でも提言されたように、従来の受け身の姿勢を脱し、経営・事業のパートナーかつ企業のガーディアンとして、まさに当事者として企業の国際競争力強化に貢献すべく自己改革を進めている。しかしその一方で、経営と法務の間には依然距離感が存在するという課題も実証的に明らかにされている。

　東京大学大学院法学政治学研究科附属ビジネスロー・比較法政研究センターでは、2011 年以来コーポレートガバナンスをテーマにシンポジウムを開催しており、2021 年の第 61 回では「ガバナンス改革を踏まえた企業法務の新たな機能・役割—サステナビリティ・ガバナンスの進展により高まる CLO の重要性—」をテーマに、改革に取り組む企業の CLO、CFO 等の方々にご議論いただいた。

　その成果も踏まえ、今回は立場を変えて経営側の視点から、上記の課題を克服しつつ企業法務のベストプラクティスを実現していくには何が必要か、経営側が法務部門に求めるものは何か、日本を代表する経営者との対話を通じて探っていくこととしたものである。

　末筆ながら、本シンポジウムを別冊 NBL として公刊する貴重な機会を頂いた株式会社商事法務に対し、心から御礼申し上げる。

2024 年 6 月

平野温郎（東京大学名誉教授）

目　次

パネルディスカッション

講演資料

講演

開会の辞/企業価値向上に資する企業法務の在り方と人的資本としての経営法務人材

東京大学大学院法学政治学研究科教授（当時）

平野温郎 HIRANO Haruo

Ⅰ．開会の辞
Ⅱ．企業価値向上に資する企業法務の在り方と人的資本としての経営法務人材

Ⅰ 開会の辞

　本日の進行を務めます東京大学の平野です。よろしくお願いいたします。

　本日は御案内のとおり三井物産の堀社長をメインゲストとしてお招きしています。さらに、パナソニックホールディングスの少徳執行役員グループ・ゼネラルカウンセル、EY弁護士法人の前田絵理弁護士にもお越しいただき、私どもの商法の松井智予教授とともに、企業法務の将来ということについて考えてみたいと思います。この会場には60名ぐらいの方々にお越しいただいていますが、今日はハイブリッド形式ということで、全体では300名以上の方にご参加いただいております。この比較法政シンポジウムでも最大級の参加者数となり、大変ありがたく思っております。

　堀さんと私はアメリカ駐在の時期が重なっておりまして、同じ子会社の取締役会メンバーでもあったのですが、当時から法務の重要性をよく理解されており、仕事でも大切にしていただいておりました。大変ご多忙のなか、快くご登壇をお引き受けくださって本当にありがとうございます。

　また、少徳さんには、パネルディスカッションという形でのご登壇をご快諾いただいております。まさに我々が目指す法務人材のロールモデルという方でありまして、堀さんと対談していただくには少徳さんをおいて他にいないと思っております。ご登壇に御礼申し上げます。

　松井教授は商法・金融商品取引法がご専門で、コーポレートガバナンスに大変通暁された先生です。日本貿易保険の社外監査役も務めておられて、理論と実務の双方に造詣が深いということでご登壇をお願いしました。最近では経産省のサプライチェーンにおける人権尊重のためのガイドライン検討会の座長として、ガイドラインを2022年9月にまとめ、公表されたところでございます。今日はサステナビリティと法務という新しい切り口から、企業法務の機能や組織がどのように関わっていくかを含めて切り込んでいただければと思っております。よろしくお願いいたします。

　後半のパネルディスカッションは、このシンポジウムに協賛をいただいているEY弁護士法人の前田絵理弁護士にファシリテーターをお願いしております。後ほど自己紹介をお願いしたいと思いますが、経験豊富な弁護士でありながら法務機能コンサル

「経営者が法務機能を使いこなすための7つの行動指針」

_1_ 経営者は、法務部門を「事業の創造」に貢献する組織にし、その貢献が発揮される環境を整備できているか？

_2_ 経営者は、経営戦略における法務機能の活用に対するスタンスを明確にしているか？

_3_ 経営者は、"経営法務"を遂行できる高度な人材を経営陣の一員、かつ法務部門の責任者として登用しているか？

_4_ 経営者は、法務部門の責任者との意思疎通を密にしているか？

_5_ 経営者は、"経営法務"により得ることができた新事業の創出や企業価値増大の効果を評価しているか？

_6_ 経営者は、法的リスクを乗り越えてビジネスチャンスにつなげるため、自らの責任で合理的な経営判断ができているか？

_7_ 経営者は、"経営法務"人材の獲得・育成活用について戦略的な方針を示しているか？

ティングという大変ユニークで時宜を得たサービスの日本におけるパイオニアでもあるという方です。たくさんの法務その他のコーポレート部門から、相談事、悩みを色々聞いていらっしゃると思うので、それらを受け止められた経験を踏まえた先生のファシリテーションの下で、日本の企業法務部門の将来に向けた飛躍には何が必要かということについて、少しでも議論が深められればと思っております。

Ⅱ 企業価値向上に資する企業法務の在り方と人的資本としての経営法務人材

1. なぜ今日このようなテーマを取り上げたか

もう数年前になりますが、私が委員として参加しておりました経済産業省の「国際競争力強化に向けた日本企業の法務機能の在り方研究会」というものがございまして、おそらく社会人の皆さんは、研究会がまとめた平成報告書、令和報告書というのをご覧になった方が多くいらっしゃるかと思います。そこでは、実は報告書のなかに出てきていない率直な議論がかなりございました。たとえば、日本の経営者は経営法務の重要性をわかっていないとか、米国の経営者に比べて日本の経営者は法務部門の使い方がわかっていないとか、要するに経営者側に問題が

あるという議論もありました。若干恨み節のようなところもあったわけですけれども、一方で、いや、それは法務部門側が殻に閉じこもっている。ある意味では経営オンチのようなところがあって、そもそも経営者に対してきちんと働きかけをしているのか、発信もしているのか等、我々法務部門側の姿勢に対する疑問、反省も強く出たわけです。

そこで、令和報告書公表に際して、「経営者が法務機能を使いこなすための7つの行動指針」というものを経産省が作成、公表しています。上図のようなものです。

近年注目を集めている人的資本の活用や投資、こういったことにも実は直結した内容であると言え、経産省により経団連でも説明されたと承知しております。しかし、これが経営者に響いたかというと、実は響いたという話は正直全然聞こえてこないということでありまして、経営者の側からすると、やはり一方的な「べき論」のようなものを紙にした印象も持たれたのではないかという危惧を持ちました。

それ以来、できれば経営者の方と、率直に将来に向けて対話できるような機会があれば、これはすばらしいなと思っておりました。しかも堀さん、少徳さんに来ていただけるのであれば、学生の皆さんだけを対象とするのではもったいない、シンポジウムという形で社会人の皆様にもぜひ聞いていただきたいと思いまして、今日のような形にさせていただき

ました。

2.　日本の法務部門における変革の動き

さて、私からお話しすることは、イントロダクションとして、これまでの経緯といいますか、現在地というようなものが中心になります。日本の法務部門というのは、まだ米国のように十分に評価されていないところはありますが、実は大手企業を中心に企業価値の向上に資する法務機能や組織の在り方の面で随分と変革が進んできており、将来的な方向性もかなり見えているというところまで来ていると思っています。人材面でも同様で、人的資本の重要性ということが言われていますが、自らが明確に意識しているかどうかは別として、近年の企業法務部員は本来的に高度な人材といいますか、専門・プロ人材として実は優れた人的資本であり、過去にもそのような人材は多数存在していたと考えています。ただ、それが時代とともに大きく自己変革をしていかなければならなくなっているというのが現状で、令和報告書で示された「経営法務人材」というモデルこそが、現在から未来にかけての進化の方向であろうと言われているところです。

今日も参加されていますが、三井物産時代の私の上司だった加藤格氏は、以前から「法務部員は法律を最も得意とするビジネスパーソンであるべし」というような言い方をされていまして、ご本人も、社外弁護士のようなスペシャリストというよりも、むしろビジネスパーソンらしい専門性や経営センスを生かした高度なゼネラリストでした。ゼネラリストというと、色々な分野を渡り歩いてきて、あまり専門性がないというイメージを持たれるかもしれませんが、ここで言うゼネラリストとはそういう意味ではありません。谷田部光一という経営情報やキャリアデザインの研究者は、「経験した部門、領域の広い狭いにかかわらず、広く全社的・総合的視野から組織、職場、仕事を大局的に見て物事を把握し、意思決定し、マネジメントできる人」と定義しています。言い換えれば、異なる部門、異なる職種の幅広い経験が少ない特定分野の専門家であっても、全社的視野に立った判断力とか決断力を保有しているのであれば、十分にこの意味のゼネラリストになれると谷田部先生は主張されています。私もまさにそのとおりだと思っておりまして、法務という専門性の基盤を持っているという意味で、高度とあえて申し

上げますけれども、高度な専門性を持ったゼネラリストというモデルが「経営法務人材」と呼ばれるものだろうと考えているところです。社内弁護士が社長になるとか、あるいは教授が大学の理事長になるとか、近い例ではそういうイメージかなと思うところです。

3.　経営法務人材のコンピテンシー

これら、組織と経営人材ということを考えるときに、企業法務部門のこれからの課題は何かということですが、大きな手がかりが2つございます。1つは、先ほどの経産省の報告書、特に令和版です。経営法務人材という呼び方を明示し、これをロールモデルと位置付けたわけですが、一方でその養成は決して容易ではないという認識も示しています。しかし、だからと言ってそもそも天性の資質、経営センスを持った人材でなければなれないというものではないと整理しています。つまり、もともと経営センスがあるというような人間はいないはずで、皆さん仕事の経験やさまざまな学びを通じて経営センスというものを身につけていくはずであり、法務人材にもそれができないことはないと考えるわけです。正しい意識の植えつけや内発的な動機づけによる継続的な学習、それを支える組織としての強いコミットメント、こういったものによって育成できると考えています。ただ、そのロールモデルとはどんなものかというのは、再現可能性がある形ではっきりさせないといけませんので、コンピテンシー、すなわちさまざまな状況を超えて、かなり長期間にわたり、一貫性をもって示される行動や思考の方法（ライルM.スペンサーほか『コンピテンシー・マネジメントの展開』（生産性出版、2011）11頁）、優秀人材の特性を明確にした上で育成方法を考える必要があるということかと思います。

私自身としては、おおむね以下のような5つの要素からなるコンピテンシーであろうと考えております。

それぞれのコンピテンシーの要素の右側には、その具体的特性を示しています。たとえば、動因については強い達成意欲、成果による貢献意欲であるとか、行動・反応特性についてはProactiveness（強い自律性）であるとか、解決のためには場合によっては職責を超えて行動するというマインドセットを持っているということです。これは実は私が前職時

動因（Motives）	➤ 強い達成意欲 ➤ 成果による貢献意欲
行動・反応特性	➤ Proactiveness（強い自律性） ➤ 解決～職責を超えた行動
自己イメージ	➤ 効果的に機能できるという信念 ➤ 職責としてのリーダーシップ
知識・知見	➤ 複数分野の専門的知識（主、副） ➤ 「それは正しいか」の判断力
スキル	➤ 分析的思考、概念化思考 　（問題解決能力） ➤ 人間力（と総称される能力の集合体）

代に上司や部下を観察していて、そのなかで、モデルというのはこのようなものを持っているのではないかと思い返してみて、それらをここに書き出してみたものです。これらがどう獲得されていくかについては、今日はお話しする時間はないのですけれども、強調しておきたいのは、こういった優秀人材の特性を獲得するには、若い頃からの長期的な、計画的で成果が見えるような育成、表現は多少おどろおどろしいですが厳しい修羅場を経験していくことが理論的にも必要だということが言われています。これについてはまた機会を改めてお話ししたいと思っていますが、要するに時間とコストは当然かかるということです。

加えて、人材育成は右肩上がりにうまくいくとも限らない。場合によっては偶発的に伸びたり、逆にさまざまな理由で低下してしまったりといったことも起きるわけです。失敗もあると思います。そういったものを許容しながら、長い目で育てていくことが基本的に必要だということを経営者の皆様にはぜひご理解いただきたいと思います。

また、企業法務部に入ってくる弁護士も、スタートラインでは相対的に優秀であろうと思いますが、では即戦力ですぐに企業法務が一人前にこなせるか、経営法務人材になれるかというと、必ずしもそうではありません。アメリカの研究でも、たとえばチーフ・リーガル・オフィサー、法務のトップに外部の弁護士、それもよく名前の売れている優秀な弁

護士を連れてくるとうまくいくかというと、必ずしもうまくいかない。それは色々な理由があります。そもそも企業というものが何たるかをわかっていないとか、人の使い方の稚拙さ、チーム力の低下を招来する組織運営や言動など、さまざまな問題がやはりあるということです。

4.　組織の在り方と課題

次に、法務の組織の在り方ということですが、報告書で取り上げた、米国ゼネラルエレクトリック（GE）の大変著名なゼネラルカウンセル、ベン・ハイネマンがその著書『The Inside Counsel Revolution：Resolving the Partner - Guardian Tension』（邦訳は『企業法務革命』（商事法務、2018））で前面に押し出した"Partner & Guardian"は非常にキャッチーな言葉であったようで、企業法務の世界では急速に拡がり、おそらくここにいらっしゃるほとんどの方がご存じだと思います。

令和の報告書では、この言葉を用いて、Partner & Guardianに向けて自ら変革すべきとしています。今まで皆さんがそうではなかったという意味ではありませんが、一般論として法務部というのは、良くてパッシブな支援と牽制という一歩引いたような機能しか発揮していないと言われてきました。それが前に出て、プロアクティブなPartner & Guardianということで、これはCEOのパートナー、企業のガーディアン、そのような役割に自己変革をするよ

うに促しているわけです。実際、多くの大手企業の法務部門は、この言葉を意識する以前に既にこの方向に動いていたのだと思います。20年以上前、日本がグローバル経済化のなかで法化社会に変化したことに軌を一にして、取組のスタンスを変えてきたのだと思っています。それにこの言葉がうまくマッチした。今は、リーガル・リスク・マネジメントの担い手として、現場や経営に最適解を示し、企業の競争力であるとか、あるいは価値の向上に当事者として貢献するというマインドセットに転換してきている過渡期、あるいはもう少し先に進んでいる状況にあるかと思います。

ハイネマンのもう一つの著書『High Performance with High Integrity』、これは15年ぐらい前の著作ですけれども、ビジネスにおけるインテグリティの重要性とゼネラルカウンセル（GC）の役割を説いたものです。これからはハイパフォーマンスとハイインテグリティがビジネス、資本主義の両輪になっていく。企業の目的とは何なのかがますます問われていくということを書いています。CEOがリーダーとしてまさに企業経営をリードするけれども、それを支えるのがGCであり、チーフ・リーガル・オフィサー（最高法務責任者、CLO）であるということが書いてありまして、まさに今を見通していたかのような内容になっています。

もう一つの手がかりが、経営法友会という日本の多くの法務部門が会員として参加している非常に大きな団体がございますけれども、この経営法友会の「会社法務部〔第12次〕実態調査分析報告」というものがあります。これは5年ごとに企業法務について非常に分厚いデータをアンケート方式で集め、それをまとめて分析しているもので、諸外国にもおそらく例のない、息の長い実証的成果です。この分析報告を見ますと、これからの変化と今後の課題を見て取ることができます。今日は、今後の法務部門のミッション、ビジョン、バリューは何かという質問に対して共通の傾向やキーワードが見られたということに絞ってお伝えしたいと思いますが、守りから攻めに転じて、経営・事業部門のパートナーとして積極的に経営に参画しようという姿勢が多く見られています。非常に心強い結果でありましたし、伝統的な予防法務、臨床法務という観点よりも、いわゆるGRC、ガバナンス、リスク、コンプライアンス、この3つのキーワードを取り上げて会社のガーディ

アンを目指すという回答も多くあり、特筆すべき内容だと思います。外部環境の急激な変化のなかで事業環境も不透明さが増しているVUCAの時代と言われますが、大手を中心に多くの法務部門が、最終的にはPartner & Guardianの双方を経営目線から担うべきだという明確な方向付けをしているということがわかります。

その一方で課題もあるわけで、それは組織としての経営との距離という問題ですが、分析報告のデータでは、詳細は省略しますけれども、組織的には半数以上の法務部門が経営層に近いという回答になっています。しかし、この結果と、経産省の報告書が指摘している日米比較における日米企業法務部門の経営陣とのコミュニケーションの希薄さに、私としては大きなギャップを感じております。

これに関して、平成報告書ですが、日米企業の法務部門の実態調査を行って両者を比較することで、次頁の図のような結果が出ています。もちろん企業の経営環境・規模・業種・業態の違い、あるいは法制度、文化の違いはあるので単純比較はできないと思いますが、このように有意と言える違いがございます。

端的に言って、米国の法務部門のほうが経営陣との距離が近いというデータになっています。経営陣から意見・判断を求められる頻度、重要交渉への参加、法務部門の判断で重要案件の変更ができるか、これらがいずれも日本は残念ながら圧倒的に低いということです。なぜこのような違いになるかということですが、報告書ではそこまで十分に分析はしていませんが、考えてみればまず経営陣側のマインドセットの違いは当然あると思います。ご存じのとおり、アメリカは非常に厳しい訴訟社会ですので、一つ間違えば痛い目に遭う、莫大な請求額の訴訟を受けるという環境があります。一方で、法務部門側も経営関与に戦略的に取り組んでいく、自分たちをアピールしていくという姿勢が見られますが、日本の場合はそのようなことも一般論として不足があったのかなとも感じております。

さらに、法務部門の規模の大きさについても、これはある会計事務所の最近の調査ですが、日本の企業法務の法務・コンプライアンス部門の7割が依然として10名以下という結果になっており、分析報告でも同様の結果で、部員が1桁しかいないという企業法務部は少なくありません。三井物産の法務部

①経営陣から意見・判断を求められる頻度、②重要交渉への参加、③重要案件の変更可能性、④法務部門の職員数、⑤弁護士有資格者の割合、⑥General Counsel又はChief Legal Officerの設置率といった点において、有意な違いあり。

*日米いずれも従業員2,500人以上の企業

	比較項目	米国　（n=25）	日本　（n=255）
経営陣との距離の近さ	①経営陣から意見・判断を求められる（週数回以上）	7割弱	2割強
	②重要交渉に常時または法務部判断で参加	82％	44％
	③法務部判断による重要案件の変更の可否	100％	40％（残り60％は助言のみ）
法務部門の規模	④法務部門の職員数（平均）	40〜80名	19名
	⑤弁護士有資格者の割合	7割	2割程度
	⑥GC・CLO設置率	ほぼ100％	23％

⇒　米国企業は、法務部門に相応のコストをかけ、専門集団でもって経営を支える構造

⇒　加えて、リーガルオペレーションズによる業務効率化、プラクティスマネジメント高度化

は100名を超える組織です。パナソニックさんも同じような、あるいはそれ以上に大きな組織でいらっしゃるんですけれども、ここまで大きくなくても絶対的な人数が少なければ当然の帰結として十分な機能は果たせないわけです。たとえば、何かするにも十分に事前の準備もできないかもしれませんし、そもそも現場の仕事に追われて日頃ほとんど調査研究活動ができない、両利きの仕事ができない、外に出られないのでネットワークもできない、ほかの部門に人をどんどん出してくことを含め、全社の法務リテラシーの向上に注力するような取組もなかなか難しいということで、プロアクティブにPartner & Guardianの両面機能を発揮するなど、とても及びもつかないようなところも結構あるのかなと思っています。もっとも、時代の変化に沿ってニーズを満たす質、量の法曹人材を輩出していく、そこが日本は色々な障害があってなかなかできておらず人材が不足している、ということも背景にあるかもしれないと考えています。

それから、ゼネラルカウンセルとチーフ・リーガル・オフィサーの設置率の高さということですが、アメリカはほぼ100％です。日本は23％ということで、これも大きな違いです。アメリカ企業は法務部門を利益部門と位置付けているとする先行研究も

結構ありまして、価値創造をする部門という位置付けで相応のコストをかけて維持する。GC、CLO、あるいはCCOでもいいんですが、そういった形で経営のなかに法務機能、リーガルリテラシーを取り込んで、専門集団でもって経営を支えるという構造がはっきりしているということは言えるかと思います。

なお、米国企業の特徴として、最近はリーガルオペレーションズというものがあります。貴重だがコストも決して低くはない人材である法務部員を何に注力させるべきかということで、専門性を集中すべき分野、場合によっては戦略的な部分、より上流のたとえばスタートアップ戦略とか知財戦略とか、そういったところに人材をもっと投入していくためには、ノンコアの仕事をできるだけほかのチームに任せていくというような組織的な動きも顕著です。DXの専門家であるとか、HRの専門家であるとか、マネジメント支援の専門家であるとか、非弁護士の専門スタッフをどんどん入れているということも1つの特徴です。

5.　経営法務体制の完成に必須となるCLO・GC

これからの日本の企業法務部門にとっては、自らのプレステージをさらに高めて経営との実質的な距

■ 経営法務体制の完成を阻害する組織・オペレーション上の課題（①報告書27頁〜）

　　a. GCもしくはCLOが設置されていない、または法務の責任者が経営会議に参画していない等によって、組織上、経営と法務がリンクしていない場合が多い。

　　b. 法務部門が専門性のないビジネスリーダーの指揮命令に服しているケースがあり、その結果、十分に機能発揮できないこと。

　　c. ビジネスリーダーへの遠慮からGuardian機能が必ずしも十分に発揮できていないケースもあること。

　　d. 企業として向き合うべき法的リスクを、法務部門による十分な分析なく現場の判断で取れてしまう仕組みであったことで、後々、企業が大きなインパクトを受けた例もあること。

　　e. 複合化するイシューやリスクに対しては、ビジネス・財務・税務・法務・労務等の各機能面からの総合的な判断が重要になるが、社内のさまざまなファンクションやプロセスが断裂してしまっており、全体最適の統合的対応ができず、機能劣化や非効率化もあること。

　⇒　克服する方法論： CLO、GCの設置を提言

離を詰めていく、解消していくということが大きな課題になるかと思います。もちろん、アメリカも、実はもともと企業法務部門のプレステージがそれほど高かったわけではありませんでした。ただ、GEの変化をきっかけに、それが大きく変わりました。日本企業の改革は、GEのようにトップダウンで、外から人材を連れてきて急激に変えるというのとはちょっと違う、着実な、内からのボトムアップの改革です。これはいかにも日本企業らしく、それなりに時間もかかると思いますが、私は、結果的には組織や人材の持続的な競争力強化に結び付く正しい方向ではないかと考えています。

　では、今後さらにブレークスルーしていくには、将来像という視点から何をしていくべきか、いかなる経営法務体制を作り上げていくべきかは、クライアントである経営との対話を通じて考えたいというのが今日の趣旨です。

　経産省の報告書では、これを阻害する問題点は上図のようなことになります。

　要するに、組織上、経営と法務がリンクしていないということです。加えて、法務の立場や権限が弱い。組織のサイロ化によって全体最適の統合的な対応ができない。機能劣化、非効率、こういうことも指摘されているところです。この課題を克服するにはCLOやGCが必要だというのが報告書の提言ですが、CLOというのは"最高法務責任者"ですから、法務部の部長より上位の役職、経営中枢に近いものです。CLOがトップとなる組織では、今まで法務部のマターと考えてきたことの外延が拡大す

る、法律マターだけでなく、危機対応はもちろん企業倫理マターにも職責が拡がっていくことになります。

　Archie Carrollという企業の社会的責任論の研究者がいるのですが、社会的責任には経済的責任、法令遵守責任、倫理的責任、慈善事業的責任（自発的責任）という4つの発展段階がある（"Four-Part Definition of CSR"）というのが彼の見解です。注意すべきは、各責任は時代の要請に基づき相関し、境界も曖昧となるため、統合的な視点で捉える必要があるという指摘です。法令遵守の責任と倫理的な責任の境界もはっきりしておらず、ある時代は法的責任で、いわゆる狭いコンプライアンスという意味だったかもしれないが、それがある時を境に倫理の問題となり世間のレピュテーションの問題になる。それが一部の国では急に法制化されるが、別の国ではそうではない。責任の階層には時代的、地域的な揺れが随時あるということなので、これらを教条的に分けて考えるのはある意味でナンセンスだという見解です。社会的責任というのは、サプライチェーンやESG投資などを通してビジネスプロセス自体に深く組み込まれていくという動きが今起きているわけで、サイロ化せず、全体観を持ってこれに適切に対応する体制を誰が構築、維持できるかと考えると、やはりCLOやGCだろうと私としては考えています。

　ただ、CLO、CLOと言っていますが実際そういった職責を任せられるような経営法務人材をこれまで法務部門が育成してきたか、疑問がないわけではあ

りません。人材の育成というところまでは今日お話しはできないのですが、経営法務人材の質および量、CLOになっていく人材の存在が法務部門、ひいては企業の国際競争力を高める重要な要素だと考えていますので、今日はこの後のご講演、パネルディスカッションを通して、こういった点についても忌憚のないご意見、ご議論をいただければと思っております。

　ありがとうございました。（拍手）

講演

経営から見た法務部門の重要性と法務人材の活用の可能性

三井物産株式会社代表取締役社長

堀　健一 HORI Kenichi

Ⅰ．はじめに
Ⅱ．三井物産の事業
Ⅲ．当社の強みとしての法務機能
Ⅳ．法務人材の活躍可能性
Ⅴ．おわりに

Ⅰ はじめに

本日は、非常に意義のあるシンポジウムでお話しする機会を頂戴しまして、ありがとうございます。タイトルのとおり「経営から見た法務部門の重要性と法務人材の活用の可能性」についてお話をさせていただきます。既にビジネスの世界では、法的な勉強をされた人が世界で活躍をされていますが、我々は、法務人材のさらなる活躍をイメージしております。事業経営そのものにおいて、あるいはグローバルな広がりでますます大きくなる世界の課題への対応において、正面から取り組んでいく経営人材として、法的な素養のある方がますます活躍していく世界を夢見ております。夢といいますか、一部実現はしているので、もっとその勢い、モメンタムが増すことを期待しております。

Ⅱ 三井物産の事業

1.　三井物産のMission

三井物産のミッションは、「世界中の未来をつくる」です。世界中の多岐にわたる産業の社会課題に対して、正面から現実解を提供する形で取り組むというのが私どもの求めるところです。そして、グローバルに課題を考えて、産業横断的なイノベーションをどのように生み出して付加価値をつけていくか、我々の使命はこれに尽きると思います。この活動で生み出す価値が企業の収益基盤になって、持続的に成長するための条件になるわけです。そのようなことを日々考えております。

2.　三井物産の中期経営計画2026

少し当社の戦略をお話しします。Creating Sustainable Futures、つまりサステナブルな未来をつくり上げていく、これが私どもの1丁目1番地

の仕事です。

　そして、今、中期経営計画で３つの攻め筋という
ものを掲げています。一つめのグローバルな産業横
断的なビジネスのソリューションというところは、
我々が日頃携わる様々なサービスや、様々なサプラ
イチェーンでの仕事のことを指しております。ここ
には全社員の工夫が込められています。

　そして、二つ目のグローバルエナジーの転換とい
うのは、「我々はどうやったら低炭素化社会に現実
的に移っていけるのだろうか」という地球全体規模
の問題に関して付加価値をつけていきたい、我々の
産業構造に関わる仕組みを利用して貢献したいとい
うものであります。

　最後ですけれども、治療から、病気にならないた
めの未病の改善のため、我々はどうやって体によい
性質のよい食べ物を取っていくかというニュートリ
ション、つまり食物も範囲に含む非常に大きな絵で
のウェルネスのエコシステムをつくるということ
に、これから会社の経営資源を割いていこうという
のが三つ目の私どもの狙いです。

Ⅲ　当社の強みとしての法務機能

　本題に移ってまいります。「当社の強みとしての
法務機能」です。法務部門の人が聞くと喜ぶと思い
ますが、実はこのスライドは彼らが自分で書いてい

たりします。それだけ自負のある我々の法務部門で
す。この法務部門の最たる特徴は、課題解決の知見
とノウハウと機能を、たくさんの事例を積み上げて
保有しているという点にあります。これがグローバ
ルで幅広い分野で事業展開する当社のいわば足腰の
ような役割を果たしています。これは法務部門の自
負のとおりでありまして、私も認めるところです。

1.　事業ポートフォリオ変革と法務機能

　先ほど外部環境の激しい変化があるとお話ししま
したけれども、企業を取り巻く環境は、将来を見通
すことも大変難しくなっております。そのなかで、
三井物産がこれだけ長い年月、何とか仕事を続けて
きて、今でも一定の評価を頂くことが可能となって
いるとすれば、その理由は仕事の中身を絶えず変え
てきたことにあると思います。

　事業ポートフォリオの継続的な変革というのはま
さにそれで、これは我々の昔から持っている
DNAのようなもので、大切なのは絶えず仕事を新
陳代謝していくことだと思います。そのためには、
スライド（11頁）の一番下に書いてありますが、事
業部と並走して案件をまとめるパートナーとしての
法務部門の仕事というのが非常に大事になってきま
す。いわば寄り添う形で、事業部門をサポートし
て、一方で時には非常に厳しくコールドアイを提供
して客観的な見方、軸を打ち立てる。その上で、先
ほど平野教授のお話にもありましたけれども、社外

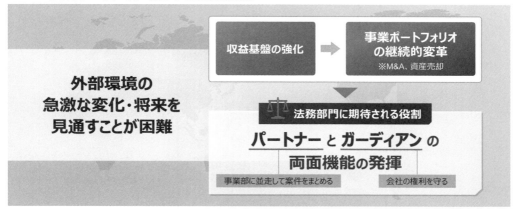

専門家と二人三脚で直接折衝する、そういう頼りになる相棒であるというところを皆が目指しているのだと思います。そして、基本中の基本でありますけれども、会社の権利を守る、リスクからの安全性を保つというガーディアンとしての仕事ももう一つ加わるので、これが両輪となるわけです。

2. M&A等事業投資、ビジネスプロセスにおける法務機能

我々が日々ビジネスに携わっていて、ますます感じるのは、複雑で難易度の高いストラクチャーを伴う案件が増加しているということです。スライド（12頁）にも、TOBや企業再編制度の活用などと書いてある部分です。さらに、現在のビジネスは、非常に速いスピードでの対応が求められております。たとえば、事業パートナー、あるいは取引先と交渉しているときに、利害関係を調整する、あるいはベクトルを合わせるという目的のために、色々な工夫をしなければいけない。このメニューを幅広く持って、機動的にフレキシブルに対応する能力がないと、そもそもさっき言ったポートフォリオの組み替えというのはできないわけです。この手法を次から次へと繰り出す能力が必要で、これは今、当社の法務部門には、とにかく無理してでも身につけてくれと毎日お願いしているところです。これはもう事例を重ねるしかないということだと思います。

スライドの右に書いてありますとおり、日頃から勉強しながら事業部門に関与して、一方では法律家としての論理性を保って、各プロセスを支えるということがポイントになるかと思います。あと、私は、法務の訓練を受けた人の一つの特徴として、きちんとログをつけるというのを昔から見ております。ログをつけることはビジネスの世界では非常に大事なことです。いざというとき、経緯が確認できないと今まで何をやっていたかわからなくなる。ログをつけることにより、一定のディシプリン、規律が利くというのがあると思います。

3. 訴訟・危機対応における法務部門の役割

訴訟・危機対応も大事な役割であります。実は本日、会場におられる方で、私自身が訴訟・危機対応で苦労しているとき、親身に支援していただいた方もおられるので、非常に昔を思い出します。こういったときに法務部門が果たす役割は——皆さんよく御存じのことだと思いますが——経営判断そのものに必要な助言の提示を行うことにあると思います。法務部門は、後でも触れますように、社外のネットワークを持っているので、社外ロイヤーも含めて、ベストチームを組成し対応していく、そういうプロジェクトマネジメントの部分も役割となります。また、こういった危機対応は社内連携が大事なので、法務部門が社内連携の核となる場合も多々あります。

そして、実はこれが一番大事だと思いますが、このような危機対応のときに、我々は企業として正し

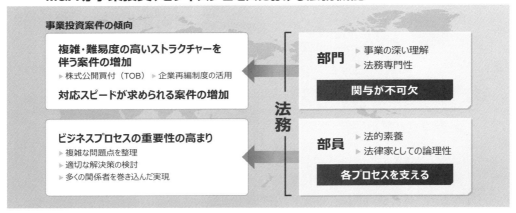

いことをしなければいけないので、企業市民としての倫理の軸、いわばモラルのコンパスというものを法務部が常に自信を持って提示するということがますます大事になっていると思います。経営者と法務部門がそこをしっかり議論して、危機対応に当たる解決策は本当にそのテストにかなっているのだろうかということを何度も何度も繰り返して考える、これが非常に大事なことだと思っています。

4. 経営判断に対する法務支援、法務知見の経営への活用

　経営判断に対する法務支援についてですが、先ほど平野教授のお話であった欧米企業で一般的なGeneral Counselに相当するもの——当社の場合、実質General Counselというラインを設けており、そこもさらに経時変化していくと思いますが——その機能というものは先ほど先生の言われたとおり大変重要だと思っています。

　当社社内ではどういうことに気を遣っているかといいますと、重要な意思決定プロセスに必ず法務のリーダーシップが加わるというふうにしています。これは絶対大事だと思います。そして、対応チームを組成する場合、法務部門のトップにそこへ参加してもらっています。これはチームづくりというところから入っていかないと、なかなか経営との距離感が縮まっていかないという考え方に基づきます。そして、会社の様々な経験、学んだこと、Lessons Learntを法務部門のところでアーカイブ化すると

いうことが重要だと思っています。当社のような会社では様々なことが起こりますが、そのとき、どこかで見たことがヒントになるということは往々にしてあります。この場合、法務部門にあるアーカイブが役に立つことがあるので、これをいかに会社として意識して整備するかというのは、大事なことだと思っています。

5. コーポレートガバナンスと法務機能

　会社によって違うと思いますが、三井物産の場合、取締役会の事務局は法務部門が担当しています。色々なやり方があると思うので、必ずしも法務部がやらなければならないということはありませんが、当社の場合はそれでうまくいっています。これは自分の考えですが、現実のビジネスの環境と法的枠組みにしっかりと当てはめる形で当社のガバナンスの有効性を担保するためには、おそらく法務部門の基本機能と、さっき申し上げた経験の所産が極めて役に立つからなのではないかと思います。そのため、自然発生的にこうなっているのではないかというのが自分の解釈です。

　ガバナンスというものは、ロジカルに、かつ、一定の慎重さと注意深さを伴う形で議論を積み重ねて進めること、つまり、慎重に議論をしながらも、しっかりとインクリメンタル（漸進的）に進めていくということが大事だと思っています。そういったことにも法務部門が機能していると思います。おか

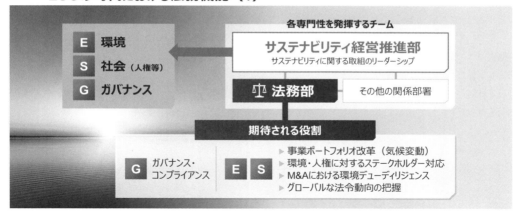

ESGの時代における法務機能（1）

各専門性を発揮するチーム

サステナビリティ経営推進部
サステナビリティに関する取組のリーダーシップ

E　環境
S　社会（人権等）
G　ガバナンス

⚖ **法務部** ── その他の関係部署

期待される役割

G　ガバナンス・コンプライアンス

E S
▶ 事業ポートフォリオ改革（気候変動）
▶ 環境・人権に対するステークホルダー対応
▶ M&Aにおける環境デューディリジェンス
▶ グローバルな法令動向の把握

11

げで当社の取締役会は、自由闊達に議論を行い、全体最適を考え、ステークホルダーに対して説明責任を果たすという点でも、高い実効性があると思っています。

6.　コンプライアンスと法務機能

コンプライアンスと法務機能についてですが、当社は、これは非常に大事なことだと思っています。当社の標語は、「Act with Integrity」としています。インテグリティは、真摯に誠実に社員一人一人が正しいことをしようということです。御家族にも堂々と言えることをやろうというのが基本ですが、ここには行動形態が伴わなければいけないので、インテグリティを伴ったアクションという意味で「Act with Integrity」という言い方をしております。法務部はこの中心的存在として一定の機能を果たしてくれています。

スピークアップ文化の醸成とありますが、何かあったときに、自信を持ってスピークアップできるという文化が非常に大事です。特にコロナの後で、働き方や社員の多様性がますます広がっており、色々な環境で、様々な事情を抱えて仕事をしている方々が社員にはたくさんおります。そのなかで、スピークアップ文化の醸成は、多様性を活かす上でとても大事なことだと思います。「Act with Integrity」というのは、当社の経営の根幹です。その経営の根幹に法務部門が事務局として、あるい

は担い手として関わっているということは、今日のお題である経営と法務部門との距離感では非常に効果があるのではないかと個人的には思っております。

7.　ESGの時代における法務機能

ESGという言葉は、現在の企業経営におきまして、一番の根幹のところにあるものです。Gは先ほどガバナンスのところでお話ししたとおりです。EとSには、スライド（本頁）に書いたように、様々な法務的機能、あるいは法務的なアクションへの期待があります。社内の専門組織と連携しているところもありますけれども、こうした連携ができていること自体も経営の根幹として大事なところです。先ほども言及したとおり、私どもは、エネルギーのトランジションというものを会社の主要攻め筋として挙げているので、これらはまさにそこに関わってくるものです。サプライチェーンの安定稼働という観点でも、そこに人権の問題があってはいけないので、当社のやること全てにESGの要素が加わっていると思っています。

当社の法務部門のメンバーに常に意識して努力を続けてもらいたいと私が思っているのは、社会の声を、それもグローバルな目線で拾っていくことです。アンテナ高くこれを拾っておりますと、いずれそれがソフトローになって、だんだん明文化されていくということになるわけですけれども、国や地域

によってその動きやスピードや文脈も相当違う。そのなかで、当社はグローバルに、ESGを意識しながら事業を行っているので、法務部門はこのモニター役として、アンテナを立て、その動きを追っています。このアンテナをしっかりと使う仕事に課せられた責任というのは非常に大きいものだと思います。法務部門には、このアンテナを立てて学んだことを会社のビジネス、対応力に変換するところまで実は期待しておりまして、ここをやり切ることが大事だと思っています。これはもちろん、法務部門だけでなく、ビジネス部門、経営、コーポレートの三位一体でやらなければいけないところであり、現在の企業経営にとって最も大事なポイントの一つだと思っております。

Ⅳ　法務人材の活躍可能性

1.　法務部門と多様性

　本日は、法務部門のことばかり褒めてしまって若干バランスに欠けていますが、事実なので言いますと、当社の場合、法務部門が一番ダイバーシティ＆インクルージョン（以下、「Ｄ＆Ｉ」）が進んでおります。真のインクルージョンは非常に達成が難しいものですから、まだまだやることがいっぱいあるのですが、ダイバーシティという意味では、たとえば、法務部門のプロフェッショナルの４割以上は女性です。当社法務部門は親会社単体でもグローバルに170名強のプロフェッショナルがいて、グループ会社にいる各会社のGeneral CounselやCLOまで入れると相当な人数になるわけですが、その全体のダイバーシティというのは、おそらく国際レベルに達しているのではないかと思います。子育て世代の活躍も進んでいますし、皆さん色々な事情を抱えながら頑張っています。これは性別を問わず当てはまることです。このようななかで、いかにチーム力を上げるかという意味でのインクルージョンが大事だと思います。

　法務部門のこの数字を見たときに私が感じたのは、仕事の仕方や成果を相互に精査できるようなプロフェッショナルな仕事というのは、Ｄ＆Ｉが進みやすいのではということです。この点は、それがあまり進んでいない部署のＤ＆Ｉを進める上でのヒン

トだと思っています。ただ同時に、法務部門が今日お話し申し上げているような内容の仕事を徹底的に、より高いレベルでやろうと思ったら、このインクルージョンのところの工夫というのはさらに色々とあるのではないかと思っております。

2.　法務人材の活躍機会

　法務人材の活躍機会ということで、私の個人的なエピソードを少しお話ししたいと思います。もともと法務部におられた私の先輩で、面白い人がいました。法務部で色々なＭ＆Ａを経験して、ビジネスの人たちからも評価が高い人だったのですが、その人が、当時私が所属していたＭ＆Ａを中心としたプライベートエクイティ的な部門に移ってこられたのです。その人と私で、キャラバン隊と称していろんな案件をつくりに出かけていた時期があります。数年間ですが、自分にとってキャリアのなかで至福のときでした。相手の方がそうかどうかは聞いてみないとわからないですけれども。

　その方はその後、当社子会社のプライベートエクイティ会社の社長になり、さらにほかの会社、ITの結構有名な企業ですが、そこの社長になられました。何年か前ですけれども、この方を三井物産にお呼びして、部長を集めた場で講演をして頂いたところ、皆の目からうろこが落ちるような話をたくさんしてくださいました。そのときこの方は、もともと法務人材として育っていた人としてではなく、完全な経営者として、ビジネスを愛して、それをどうやって世界の課題解決につなげるかということに徹して話をされていました。

　リーガルなアプローチが確かに彼の強みではあったのですけれども、実は相手の立場をよく理解して、それぞれの立ち位置というものをよく理解していたからこそ、非常に効果的に仕事を前に進めていたのだと、そのとき再認識いたしました。このように、法務出身者の中に、私自身学びを得られるような先輩がいたということを、参考までに紹介させていただきました。

　法務人材の活躍の機会ということで、この辺からだんだん核心に入っていきますと、このスライド（15頁）は三井物産のグローバルなリーガル・エコ・システムを表しています。社外の弁護士、アドバイザー、そのネットワークも全て含めて描いているものです。たとえば、相当高度な知財案件、相当

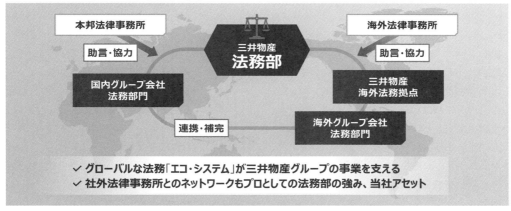

15

高度なリーガルの訴訟を受けたときに、我々のネットワークを駆使してどういうチームで対応するかという点は、とても大事なことです。こういったネットワークを、グローバル、かつ、一流の水準で持つことが、これから企業経営にとって重要と思うわけです。また、このなかでの乗数効果というのも相当あると思います。というのは、当社で育った法務部員もそこで勉強になりますし、色々なタレント、外のプロフェッショナルをまとめる要になることで、プロジェクトマネジメントの素養も身につきます。そして経営陣も、場合によっては固有名詞でそういった社内、社外のプロフェッショナルとも付き合いを持つこともあります。こうしたことから、リーガル・エコ・システムというものをしっかりと意識してつくっていくということは非常に大事なことだと思っております。

　また別の経験をお話したいと思います。私自身、30代ちょっと手前で、アメリカの企業の買収案件を担当しました。当時私は、買収チームの一員でしたが、そこで、今で言うPMI、買収後のインテグレーションを行ってこいと言われ、買収した会社に赴きました。私は経営企画ストラテジーを担当したVice Presidentの役に就いたのですが、当時、General Counsel、かつ、副社長だったのがTさんでした。大きな売上げを上げている会社ではありましたが、規模的にはそれほど大きくはなく、法務部門は小さくて、彼と、あと1〜2人で世界中のこと

を対応していました。その代わり、先ほど説明したネットワークは相当持っていました。

　色々とあった後、Tさんはこの会社のCEOになりました。いくつかの難局を乗り越えた非常に立派なCEOになって、私も尊敬しています。この人が頭角を現したのは、この会社の成長のためのM＆Aを主導した際でした。重要なM＆Aを、グローバルな意識を持って沈着冷静にことを進めたということで、だんだん皆さんの信頼を得ていった。それでCEOになったということです。今は引退して、地元の若い人たちがつくっているスタートアップに対してお金を提供するという、エンジェル投資家――というよりアクセラレーターと我々は呼んでいますが――そういった仕事をしています。とにかくビジネスをつくることが好きな人です。

　この方も、CEO就任後は、法務的な仕事はGeneral Counselに任せて自分はそういう仕事は一切していませんでした。信頼できるGeneral Counselを雇って、自分はリーダーシップと経営に特化していた。そういうことができるということも大事なのではないかと、そのとき思いまして、今でもそういう仮説を持っております。

　当社もそうですけれども、多くのグローバル企業が、責任のあるビジネスの推進と変革というものに毎日挑んでいると思います。そのために何が大事かということですけれども、その極意として、Jurisprudenceというのがあるのではないかと思い

15

ます。自分自身、ビジネスとJurisprudenceというのが組合せとして非常に重要だと考えております。若いときに、実は先ほどのTさんと随分書生くさい議論をしまして、そのときビジネスとJurisprudenceといった話をした覚えがあり、それを思い出して言及させていただきました。おそらくJurisは法で、prudenceは賢慮という言い方をするのでしょうけれども、こういった思慮深さ、ロジック、法の論理、これはビジネスの根幹になるのではないかと思います。といいますのは、法的な訓練を受けた方がしっかり実証をして、ビジネス上どこに普遍性があるかというのを考えて、その上で安定性の確保を意識しながら、大胆な挑戦とその裏側にある細心のディテールズをしっかり実行する、ここに初めてバランスが成立するのではないかと思っております。

これが最終的には大きなビジネスにつながるのは、皆さんが、これはいいことだ、この会社は任せられると思うからであって、何らかの形で、ソーシャルコントラクトといいますか、皆さんが社会的に共通に持っている良いものへの共感、あるいは同意、契約、これを意識して仕事をつくるからできるのだと思います。それがおそらく色々な人が言うEmpathyの源なのではないかと思っています。ですから、ここを押さえて、しっかりとした段取りで仕事をするということが、企業が長もちするかしないかというところに直接関係するのではないかと思っております。

V　おわりに

本日、若い方も、会場で、あるいはオンラインで聞いていただいていると思いますが、法務の学習、勉強をし、トレーニングを受けている方々というのは、今後ますますその活躍の機会が増えていくと思います。さっき平野教授がおっしゃった「経営センスはもともとあるものではない」という点は、私も賛成です。多分何かをやり切ったところにベースができて、そこに色々な要素が加わって、徐々に経営者になっていくのではないかと思います。そういった意味では、法務的な素養は、さっきのJurisprudenceの話ではないですが、大きな強みの部分になるのではないかと思います。たとえばさきほど話した先輩はとても数字に強かったのですが、法務の素養に加えて、そのように数字も駆使できるようになる、あるいは人のマネジメントも覚えていくというふうに、その強みがいくつも加わっていって、経営者になったのだと思います。こうしたことが、法務的バックグランドを持った人がたとえばリーダーシップの職に就いた場合、大きなMake a Differenceに繋がる仕事をする素養になるのではないかと思っております。

そういった素養を有する皆様方に対しまして、大きな未来が発展し、皆様が様々なかたちで大いに活躍されることを心から願っております。

あらためまして本日、このような機会を頂戴いたしましたことを心から感謝いたしております。どうもありがとうございました。（拍手）

講演

サステナビリティ・ガバナンスへの取り組みにおける企業法務の役割

東京大学大学院法学政治学研究科教授

松井智予 MATSUI Tomoyo

Ⅰ　はじめに

　ただいま御紹介にあずかりました東京大学の松井です。本日は、たくさんの皆様に御参加いただき、ありがとうございます。ほかのプレゼンターの方々の資料は素晴らしいものですが、私の資料は手づくりですので見栄えが悪く、また、法務をめぐる様々な議論の実情をご参照いただくという趣旨で引用が多いものになってございまして、当日に閲覧いただく資料としましては非常に不便なものになっていることをあらかじめお詫びしておきたいと思います。

　私の発表は「法務とサステナビリティ」と非常に広い題をつけさせていただいております。少し特定させていただきますと、法務が環境、社会、ガバナンス課題に取り組むというのは、すなわち経営に非常に深く関わるということであり、これがどういう背景、どういう議論を経てそうなったのかということ、それが世界的にどういう広がりを持つ話なのかということ、それから実践における課題は何かとい

うこと、これを法律の目線からお話をしようということであります。

Ⅱ　経営と法務の議論の系譜

　まず背景にある大きな動きをいくつか挙げさせていただきます。第1に、SOX法以降もしくはエンロン事件を受けた内部統制改革以降、法務の役割が世界的に変化したということです。全社的に内部統制を行っていくなかで、組織全体に規律を浸透させる必要が出てまいりました。その実現のために、ビジネスプロセスを明確化する、コンプライアンス上の問題を業務プロセスを皆が知る状態にすることで迅速に把握するといった状態を目指して組織が改革されるようになり、各社オーダーメイド的な組織づくりの必要性がより高まったわけです。

　その後、内部統制報告を制度化する動きが広がり、こうした組織づくりについても標準的なアプローチができてきて、3線ディフェンスが言われる

17

ようになったわけですけれども、この取組の効率性も問題になり、だんだんに、ただ業務報告・法令遵守を徹底するというだけでなく、事業戦略上の目的を達成することに対するリスクをどのようにマネジメントしていくのかという課題へと内部統制の方向性が変化していきました。COSO ERM（Enterprise Risk Management）と呼ばれるモデルが出された時期においては、もう既に法令遵守を含めて経営目的の失敗するリスクをどうやって支えるかという、経営と法務が融合したような議論が主眼になっていました。

　第2に、このような課題の変化が海外でどのように受容されているかということです。海外は日本のように社内法務を育てるという環境とは異なり、ジョブ型採用、かつ、弁護士の有資格者が多いため、従来であれば会社の側が社外の弁護士に業務を委託して社内に常駐して内部統制を見てもらうという選択をすることも多かったと考えられます。しかし、前述のとおり内部統制が社内に密着した運用となることで、会社側にはより自社の事情に明るい法務実務家のニーズが増えてきたようです。それから、高齢化に伴う変化かもしれませんが、弁護士事務所の側では若いアソシエイトの単価を下げるという運用・現象が見られ、弁護士事務所へ勤務することが魅力的でなくなってきたという指摘もあります。こうした両者の事情もあって海外では社外より社内法務の比重が高まり、また社内部署から社内法務へのコンサルも増えたのではないかと思われます。平野先生のご発表にあったハイネマンの社内法務へのコンサルの数ということも、もしかするとこういった背景も一部にあるのかもしれません。

　第3に、最近、サステナビリティ課題への関心が高まっているということがあります。機関投資家、監督官庁、消費者団体、環境団体など様々な主体との接触の機会、会話の頻度が上がりました。これとの関係で、ステイクホルダーの意見を経営にどう反映させるのかを経営陣が議論する機会が増え、法務トップのいわゆるゼネラルカウンセルやあるいはコーポレートセクレタリーと呼ばれる文書管理や議題調整など取締役会事務局的な機能を果たす人たちが、こうした外部団体との接触の場を設けたり彼らの意見を反映しない場合のリスクを考えるなど、経営法務部門の役割も果たすようになってきています。これらの役割をどのような形で兼任するかは現

時点では会社によって異なっており、どう兼任させるのがよいのかについても意思決定のラインの立てつけという観点から賛否両論ある状況ですが、これはサステナビリティという課題、あるいは経営と法務リスクの融合ということが企業の組織に影響を与えている例ではないかと思います。

　それでは、ここからはこの3つの動きに伴って生ずる論点について、段階を追ってお話ししていこうと思います。まず、法務と経営の関係に関する議論の系譜として、第1と第2、組織内の内部統制の充実と、法務の内部統制を通じたリスクマネジメントへの関わりを取り上げて整理します。

　皆様御高承のことかとは存じますけれども、先ほどお話ししたとおり、内部統制システムが急速な普及を見た契機は、2001年のエンロン事件を受けてSOX法が誕生したところにあります。内部統制の基本的な考え方は、1980年代のアメリカにおいて財務上の不正につながる業務上の不正を、COSOが内部統制の統合的フレームワークを発表したところから形成されてきました。この統合的フレームワークが、皆さんが日々目にするサイコロ型のモデルの原型なのですが、この原型においては、単に出来上がった財務書類を監査するだけでは足りず、プロセスからチェックしていかないといけないという点に主眼がありました。

　したがって、その方法は不祥事がでてくる原因を深掘りして根を断つという意味では間違いのないものでしたが、どういうリスクをチェックするのかという点については、業務、財務報告、法令順守をチェックする、というふうになっており、戦略や企業目的の設定は内部統制の範疇ではなく、それらを所与として、そこから生じるリスクの管理をどうするかという課題に取り組む前提でした。この後、財務諸表に限らず危機を全体で捉えてリスクをどのようにマネジメントしていくのかという課題に取り組むべきという考え方が生じ、2004年にCOSOの全社的リスクマネジメントという整理が出されました。

　全社的リスクマネジメントは、単に定められた業務を執行しながら不正を監視するというだけでなく、戦略の設定においてもリスクを考慮するという点がポイントになります。次に示す図（スライド5枚目）で言いますと、一番上の、戦略等の選択は経営陣が行う行為ですが、この新しい内部統制におい

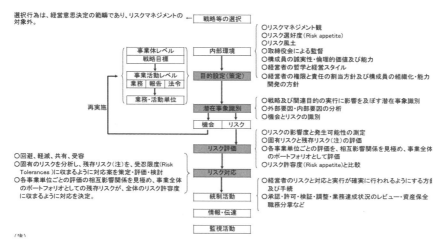

金融庁2005年4月27日報道発表資料「ＣＯＳＯレポートの概要等について　『内部統制フレームワーク』と『全社的リスクマネジメント』」https://www.fsa.go.jp/news/newsj/16/f-20050427-3/01.pdf

ては、リスク選好度を含む企業の内部環境等に照らし、適切な戦略目的を策定することもプロセスの一部に含まれ、それに応じて執行の段階でも企業の負うリスクをそのリスク許容度の範囲に収まるように全社的に統合的にコントロールする、この一連のプロセスを組織の出来上がりの形で保障していくことが、全社的リスクマネジメントのモデルの目指す形とされました。したがって、内部統制を責任をもって実施する部隊というのは、ただ単にコンプラだけではなくて、経営陣が行う戦略選択の段階から始まって、企業風土を考慮して目的を設定する段階、それからどういうリスクがあるか洗い出す、あるいは事業体レベルで戦略目標をどういうふうに定めるかということを考えPDCAを回すという段階まで、広い範囲を担当することになります。法務要素を含む企画立案を担う社内組織が、経営に非常に近い部分に関与する余地が大きいモデルであることがわかります。

さて、このキューブ型の内部統制というのは、実施すると非常に業務量が多く、項目を潰したり、準拠性を確保するだけの従来型の統制を遵守するので精一杯になったり、また中小企業は負担が大きくて実施できなかったりという課題を抱えていました。そのため、SOX法の適用の軽減がなされ、他方で2017年にCOSO　ERMが出されました。この枠組みは、事業戦略の策定とかビジネス目的の達成に向けた日常業務の全般を、不祥事が起こるリスクとい

う観点からだけではなく、経営上の戦略目標を達成できないリスクという観点からも統制するという考え方です。攻めなければ経営目標が達成できないけれども、攻め過ぎてしまうとコンプラ違反のリスクが上がるという舵取りのなかで、どういう調整をしていくのかを考えることになり、そのなかで法務部門は硬直的に項目を潰すというだけでなく、ガバナンスやリスクマネジメント全般のダイナミックな動きに関わることが求められるようになったと思います。

このようなモデルの進化は、経営的には自然なことですけれども、法律の目から見ると難しい点がいくつかございます。すなわち、不祥事に対応しようとした初期のCOSOのモデルは、事業上の目標にフォーカスするモデルとは、目指すものが少し異なっていたということです。もちろん、事業上の目的、目標のなかに、法令を遵守した上で目標を達成するという限定を最初から加えて概念的に整理することはできるのですが、実際には、経営レベルでの戦略策定において法令や倫理について言及や意識が薄く、そのことを事業部門が感じ取ってしまうようなカルチャーがあると、忖度とか空気といったようなもののなかで、事業上の目標のために法令や倫理を軽視して走ってしまうことがないとは限りません。経営上の目標を実現できないことこそがリスクであって、法令遵守やステイクホルダーの利益は目標実現の妨げになっている、というような考え方が

蔓延しているとき、法務部、コンプライアンス部、ガバナンス部は、その時にこそガーディアン機能を発揮して、わが社は、たとえば他社や社会一般の相場と比べてこういうカルチャーがあるので、相対的にもっと自分たちの襟を正さなければいけないであるとか、経営戦略の定め方自体をこのようにしてはどうかといった提言を行わなければなりません。しかし、社内に密着して育ってきた法務部が他部門から独立して、法令や倫理に外れた行動をとることのリスクを強く認識し続けていけるのかどうかについて、これは大丈夫なんだろうかと思う部分があるわけです。

　伊藤レポートは前回の比較法政セミナーでとりあげたところでもあり、本日は法務について考えるというお題をいただいていますので、それに関連した経済産業省の報告書を取り上げておこうと思います。さきほど平野先生に御報告をいただいたのは、「国際競争力強化に向けた日本企業の法務機能の在り方研究会報告書（2019年）」というもので、そこにガーディアン機能とパートナー機能というものが併記されております。これはハイネマンという経営学者の提唱されている考え方の紹介でありますけれども、日本の会社の組織形態を前提とした議論ではありません。先ほど申したとおり、欧米の法務のコンサル頻度というのは日本よりずっと高く、法務が重要視されているようですが、外国で法務と呼ばれている機能・部門が日本の組織と同じ背景や業務内容を持っているのかなどを考えると、相談件数だけでなく、やはり組織の背景を知る必要があるように思われます。また、経営学の文脈からきた様々な言葉が錯綜しており、法学的な視点からはある程度、言葉・役割の整理も必要かと思います。以下では外国の法務部門の構造について、これは実務家の皆様のほうが私よりずっと多くの御知見をお持ちではないかと思いますけれども、誤りを怖れず、調べた限りのことをお話ししようと思います。

Ⅲ　海外（英米）法務の組織と機能

　以下では、コーポレートセクレタリー、GC（ゼネラルカウンセル）、それから内部監査の関係について、順にお話してまいります。まずセクレタリーについてですが、一般的にはカンパニーセクレタリー

とかコーポレートセクレタリーという用語が使われます。アメリカではコーポレート、イギリスではカンパニーという言葉が使われるわけですが、その立てつけは国によって少し違います。イギリスでは会社法1173条1項において、オフィサーとして取締役らと並んでセクレタリーが位置づけられており、日本で言う役員に似た概念になっているかと思います。他方、アメリカでは、セクレタリーという言葉は州法規定に存在する場合と、しない場合がありまして、また、オフィサーという言葉自体が、皆様御存じのとおり、取締役とは別の階層の執行部門の人間について使われる言葉であり、その中にセクレタリーというものがあるので、執行のなかの書類管理担当というイメージです。もっとも、これからお話しするとおり、このセクレタリーはGCと兼任することも多く、しかもGCが役員に並ぶ地位のように扱われる場合が非常に多いので、概念ほどきれいに分かれているというわけではありません。

　イギリス会社法273条は、どういう人がこの職に就くかについて、弁護士、会計士のほか、従来その職にあって経験が十分と認められる人であることを求め、もしくは会社の取締役がその経歴実績に照らして非常に公正で、きちんとアジェンダ管理できるので、セクレタリーなどを置かなくてもいいと証明できることを求めています。イギリス法では、セクレタリーの会社での肩書は特に何も決めておらず、どのような職名であれそのような機能を果たせる人を置いて届け出ることが法律上要求され、このような機能を果たせる人がいないと判定されると、是正措置の対象となります。

　法律上のセクレタリーの役割は、議事録を作ったり届け出るべき書類を管理したりすることに尽きます。しかし、取締役会で上程する議題や資料を整理し、議事上程に先立って業務部門の調整をし、ステイクホルダーからの申入れの窓口となるなど、単なる取締役会事務局以上の役割を果たすなかで、事実上ガバナンスの羅針盤として非常に強い影響力を持っています。

　では、このセクレタリーについては、社内のほかのどういう肩書と兼任させていることが多いのかということですけれども、CAO総務部長であるとか、少し数は少ないですが、CFOないし財務部長、あるいはガバナンスオフィサー、さらに、この後で見るGCないし法務部長などとしばしば兼任されま

す。これにどういう人をあてるのか、そして取締役会のメンバーとして出席させるのか、これは会社によってまちまちという状況であります。

　ちなみに日本では、書記役という言葉がどこにあったかといいますと、イギリスの銀行法を参考にした国立銀行条例に言葉があるということで、ちょっと御紹介をしておきます。

　このセクレタリーとほかの様々なタームとの関係ですけれども、日本には現業の法令順守を担当する部門としてのコンプライアンス部門という言葉があり、欧米では取締役へのコンサル・助言といった背景を持つGCやその下部の法務部のに対し、日常的な法令対応を主とする部門というイメージが根強いため、Chief Compliance Officerという言葉も単なる事業における法務の統括のニュアンスになりがちで、なぜいろいろな言葉があるのかという疑問が生じがちです。他方、CCOという言葉がアメリカの法令上使われている例を調べると、ドッド・フランク法上のスワップ取引業者について設置を義務付けるものになっています。これは金融安定化のためにとりわけ厳しい内部統制が求められる業者について、社内文書管理担当者を置くことを求めるもので、その目的は連邦レベルでの法令の遵守を社内で監視・執行することになります。

　まとめるとアメリカでは州法上セクレタリーという言葉があり、連邦法上CCOという言葉があり、両者は規制との距離感が異なる言葉であるが、実務上は両者を兼任するような役割の者が置かれ、さらにこの担当者がステイクホルダーとの調整なども担うような運用がされているため、概念が錯綜した状況になっているのではないかと考えられます。

　次に、先ほど来、平野先生のお話にしばしば出てきておりますGC、これは一体何かということでございます。これはアメリカでよく使われてきた言葉で、最高経営責任者の法務顧問、時々厳しく忠告してくれる友達のような立ち位置が最初だったのではないかと思いますが、法務アドバイスを行うという役職になります。歴史的には、ウォール街の経験者のような人たちが重宝されていたということが言われておりますけれども、不祥事に対する統制とか法令遵守意識が強まって、現在では、ここにあるとおり、政府の法務キャリアのOBOGが重要性を増していると言われております。大きい企業では、非常に地位が高いOBOG、たとえば元司法長官である

とか、元ホワイトハウスの法律顧問であるとか、そういった人たちをGCに迎えております。ドッド・フランク法以降GCとCCOが兼任される動きも起きましたが、CCOは同法の報告書をCEO個人ではなく役員全員に回付したうえで提出することを法定されているので、取締役会の相互監視とモニタリングというモデルに仕えるオフィサーになります。こうした法令上の文書の回し方にかかる法律上の義務付けの違いから、CEOのサポートをしてきたGCとは性格が異なるとされています。ちょっとわかりにくいかもしれませんけれども、CCOがないイギリスにも、やっぱりGCという役職は歴史的に共通に存在します。イギリスでは内部統制について法律上の義務付けは最近までなかったので、GCとか、その下で働く法務部というのは法律上は内部統制と関係がありませんが、実際には社内のリスク管理への法務の進出は著しいので、個社のGCの性格によってはその一端を担っているのではと推測されます。

　イギリスの法務部は社内弁護士で構成されていて、この規模が20年間で3倍になったといわれております。これは一方では、内部統制、訴訟リスク、環境規制等の対処、それからDXなどのIT化への対処またはM＆Aなど、色々なリスク、事象に対応する必要があるために拡大しているのですが、他方で、先ほど言ったように、英米には弁護士マーケットというものがあるわけで、これが社外マーケットに比べて、今、社内マーケットのほうが強くなっている、という背景もあります。

　日本と同じように、法務の仕事がどんどん内製化される傾向にあるので、もしかすると将来的に日本と外国の状況は似てくるのかもしれませんが、それでも、仕事の増え方に比して人員が足りないので、必ずしも法務でなくてもできる仕事は外にお願いするとか、お願いする仕事を合理化するとか、先ほど平野先生がおっしゃっていたような動きは海外でも顕著に見られるようです。

　このように、海外でも法務部門の拡充に伴って、法務のトップとして歴史的性格を持つGC、法的に位置づけられたセクレタリー、CCOといった概念の乱立が起きているため、GCはセクレタリーを兼任していいのだろうかということが議論されるようになっているようであります。アメリカではCCOとGCは同じであるべきかどうかも議論になっております。CCOについては、先ほど述べたように報

告内容は役員全員に書類で回付することが規制で決まっており、CEOに対する個人的なカウンセルにとどまらず、取締役会全体に対してモニタリングの結果を報告することが求められるので、モニタリングの機能が強いのが特徴です。セクレタリーもCCOと同じく、セクレタリーの出す書類は政府に提出するものを含み、そうした書類は役会に回付するべきであるとの理解から、CEOの個人的相談役であるGCと兼任してはいけないかもしれないということが議論になっているわけです。

他方で、兼任させることのメリットも強く主張されており、取締役会に出席の義務がある者が法務のトップでもあるならば、疑義が生じた場合に取締役会ですぐ見解を求められるというのは非常に効率的ですので、そのほうがいいのだという議論もあります。兼任というより、もうGC自体を会社全体に義務を負うものとして役員としてしまうべきだ、というような考え方もありえます。GCが執行補佐と監督のどちらの立ち位置に重点を置いた存在となるべきかということについては、イギリスや、スライド17枚目（本書69頁）で議論をご紹介しているオーストラリアで、いままさに議論されている状況です。また、ドイツのような二層制取締役会においても、セクレタリーの立ち位置については同じような議論があるようです。

この発表ではコンサルティング会社の調査報告などを多く紹介していますが、スライド18枚目（本書70頁）で示すように、継続的にFTSE100と呼ばれる証券取引所トップ100銘柄の会社の兼任状況を追いかけているあるコンサルティング会社の調査結果を見ると、かなり長い間、イギリスでは両者を兼任させる会社と兼任させない会社は大体半々で推移しているようです。オフィサーのレベルにおけるモニタリングのトップと、執行のトップとを分けるのかどうかという問題は、いろいろな要因が関係するということで、ここにあるとおり、競争や規制が厳しいかどうかとか、組織構造がどうなっているかとか、会社の事情によって使い分けるという実態のようです。

ここまで紹介してきたのは主としてアメリカとイギリスの状況であって、こうした国でもガーディアン機能とモニタリング機能を担う責任者の社内での位置付けは様々なことがわかったわけですが、さらにグローバルな状況に視点を移しますと、実は地域

差が非常に大きいことがわかります。スライド19枚目（本書70頁）には2013年のKPMGの報告書のデータを掲載してございますが、世界横断的に見た場合、GCのうち取締役会のメンバーである者は38%、43%は取締役会に出席するか直接のレポートラインを保有し、19%はその他の間接的なレポーティングラインを持っている状況であったとされます。しかし、その割合は特に地域によって顕著に異なり、特に北アメリカでは46%が取締役会等のメンバー、36%が直接報告、19%が間接報告であるのに対し、アジア・太平洋地域では、GCのうち取締役会のメンバーであるのはたったの20%であり、33%が直接報告のレポーティングラインをもつが、48%が間接報告にとどまるという形になっています。このほか、成熟したマーケットに関するGCのほうが、成長マーケットのGCよりもビジネスにかかるアドバイスの重要性を重視しているとの調査結果もあります。M&Aや提携などの海外進出に際して外国の会社の法務担当者とコミュニケーションをとるに際しては、相手の会社が、法務をモニタリングを含めて法的に会社を守ってくれる部門と見ているのか、経営で決まったことを法的に正確に実行する執行部門として見ているのかについて、地域や会社の事業、ひっくるめていえば企業カルチャーに応じて大きな差があるということを自覚しながら、議論する必要があると思います。

最後に、イギリスのFTSE100におけるセクレタリーとGCに占める女性の割合についての一覧をお見せいたします。セクレタリーの女性比率は50%、GCの比率は約30%となっており、中間となっているGCとセクレタリーを兼任する人の女性割合は40%です。理由はわかりませんけれども、アメリカの事例のようにGCが政府の高官OBなど法務に関連するキャリアを重視して選ばれることが多いとすると、そういったことも影響しているのかもしれません。年齢層などの調査もあれば、もうすこし推測しやすいかもしれませんが、そうしたデータはありませんでした。もっとも、コンプライアンスやガバナンスの分野での女性の登用比率は財務とか情報に比べるとかなり高いことがわかります。

以上は法務部門のトップの建付けについての議論でしたけれども、その人たちが率いる法務部門という組織と内部監査との関係について考えてみます。皆様御案内のとおり、IIA（日本内部監査人協会）は、

※法的執行・監督部門の長に占める女性の割合

• Hampton-Alexander Review　"FTSE Women Leaders　：Improving gender balance - 5 year summary report" February 2021

• https://ftsewomenleaders.com/wp-content/uploads/2021/02/HA-REPORT-2021_FINAL.pdf

• P17

2013年に３線ディフェンスという概念を発表しました。これは、内部統制を実施していくにあたり、どういう組織体制を確保していることが望ましいか、内部監査でチェックすべきことを概念化したものです。まずは現業部門の設計において、権限分配や決裁ルートを工夫することで業務上のミスを可視化する工夫をしたうえで、２線として法務やコンプラが現場の運用やあるいは現場のストラクチャー自体の欠陥を見つけて指摘します。内部監査は第３線に位置して、統制の無効化を監視します。日本でも、この概念は、冒頭に述べた内部統制を実践する際の組織づくりとして、実務ではしばしば言及されます。ただし最近のIIAのアップデートでは、１線と２線の境界は曖昧になり得るということが言及されていますし、新しいCOSO－ERMで見たように、PDCAサイクルが相互干渉のなかで回されていくとすると、経営と執行が完全にわかれたような運用は現実的でないともいえます。英米法系の会社においては、現場と法務、法務と内部監査、つまり１線から３線までの各機能はどのような組織の相互関係のなかで担われるのでしょうか。

　GCとインハウスローヤーは、執行を補佐する役割だという理解に立つ場合には、内部統制においては、１線（訴訟や契約管理、各部門へのアドバイス、Anti-Fraudの実行、外部法務の管理など）として関わる場面と２線のなかの法務リスク部門（ただし法務だけでなく、財務、セキュリティ、システムなど様々な部門と協力する体制で運用）を担う場面の２つで活動することになります。一方で３線は執行の不備を指摘する役割で、独立しているように思われます。しかし、たとえば日本あるいはアジアでは、法務も内部監査も社長ないしCEOからの独立性があまり強くない一方、先ほどみたとおり欧米では近年はセクレタリーを兼ねるGCやその率いる法務部の性格付けが取締役会への義務に傾斜する傾向があるので、結局モニタリングをして取締役会へ報告をする社内組織についても、国際的にみれば性格付けがあいまいだという印象を受けます。たとえばインドでは、コーポレートセクレタリーと内部監査を一緒の人に担わせる議論があり、これ一つを取ってみても、３線のつくり方は国によって大きく違うということがわかります。

　ちなみに内部監査については、イギリスで2023年に改正が行われております。実は、イギリスでは、日本でこの３線ディフェンスの議論が花盛りだった時期には、内部統制システムの法制化は行われておりませんでした。しかし2018年に、ロンドン証券取引所に上場していた大手建設会社カリリオン社（Carillion Plc.）が、2016年12月の好調な決算から一転して業績予想を大幅な下方修正し、短期間のうちに破産申請したことを受け、イギリスでも議会主導による監査制度改革の議論が進みました。この事件では取締役が多額の報酬をもらった後で、従業員が年金をもらえない状態になったという落差が

大きな注目を集めたこともあり、改正の内容は、監査事務所の強制的交代制度の見直し、監査人および監査業務の規制当局である財務報告評議会（Financial Reporting Council：以下、FRCという）の改革から報酬開示まで、幅広になっています。イギリスでは、直前に欧州連合における2014年の2006年法定監査指令の改正指令および社会的影響度の高い事業体（Public Interest Entities）に関する法定監査規則を国内法化し、監査規制の強化が図られたばかりだったのですけれども、監査をめぐる改革全般についてキングマン・レポート、ブライドン・レポートという先行する報告書が提出されたことを受け、改正に踏み切っています。

具体的には、イギリスにはこれまで法令上の内部統制報告義務の外部監査制度がなかったところ、これを強制する制度の導入が提唱されました。内部統制よりもビジネスモデルや意思決定の失敗による損害のほうが大きいこと、COSOフレームワーク導入のコストが大きすぎること、会計士の能力不足など様々な反対があったのですけれども、2023年会社法改正草案では、取締役報告書に、年次報告書・レジリエンス声明について、現状の内部（およびある場合は外部）監査と、3年の間にどのようにこれを強化するかを書き込むことを求めることとされています（大会社から始めて2025年度以降予定）。つまり、スリーライン・ディフェンスや内部監査、経営戦略に、法務部門の人間をどう組織し関わらせるかという実務の課題は、今まさに動いている最中であって、イギリスでも確立しているわけではないということです。

Ⅳ　ESGと監査・法務の関係

さて、発表時間も残り少なくなりましたが、冒頭にお話しした第三の背景であるサステナビリティの考え方の台頭との関係で、サステナ課題と日本における組織の法務部の位置付けについてお話をしていこうと思います。

まず、今までの話と関係する議論が日本の法務についてされている場所はどこだろうかということですが、日本では、内部監査部門の独立性について、社長の関心のある視点から社内を監視するだけの機関とならないよう、せめてデュアル・レポーティング・ラインを確保するべしという議論がこれに相当するかと思います。法務部ないしGCの性格付けでなく内部監査について独立性が議論されることは興味深いことですが、たとえば、東芝が過去に「経営監査部門」と呼ばれる部門に内部監査を担わせていたところ、監査内容が事業上の目標達成を見張る事業性監査にシフトしてしまったという反省に立って現在ではコンサルとコンプラを担う部門を分けている、といったような実例もあるところであり、日本の企業カルチャーに沿った独立性確保とは何かを議論することは有益と考えられます。

このように、監査や法務は現状執行から独立性を確保する第一歩として、まず取締役会への報告系統を手に入れようとしているわけですが、さらにすすめば、リスクマネジメントの一環として、リスクテイクあるいはリスク回避にどの程度経営がリソースを割くべきかの議論のできる組織になっていくのではないかと考えています。サステナビリティやESG課題がクローズアップされていますが、これらは経営戦略の策定という経営陣の課題にさらに深く切り込む必要があるアジェンダです。というのも、これらは放っておけば現在の組織や経営陣のなかで認知が過少になりやすい新しいリスクやチャンスであり、コーポレート・カルチャーの偏りに反して、その対処に人手を割くべき必要性を訴えなければならないからです。従来はESGは単なるコストと認識されがちだったため、建設的な議論を行うことは現在よりもっと困難だったと思われますが、近年では、地政学上のリスク、デジタル化・気候変動やパンデミック・人的資本等の要因などが会社に与える影響は格段に認識されやすくなり、社内でも議論の素地ができてきたと思います。

他方で、リスクを指摘するだけでは経営が萎縮するので、ビジネス上の目的を達成できなくなるリスクのマネジメント（ERM）の一環として、ESG関連の対応が不適切な場合の具体的な問題の摘示、KPIへの落とし込みなどを含むアドバイスが期待されるかもしれません。こうしたことを通じて、法務部は自然に、業務プロトコルを改善する時や準拠性監査の結果を受領する時に法的知見を付加するといった機能だけでなく、このKPIは偏っているのではないかとか、あるいは子会社に変なインセンティブが働くような指揮のやり方をしていないかといった、かなり経営に近いような提言を行うよう

になっていくのではないかと思います。また、ステイクホルダーとの関係で、機関投資家や環境活動家、消費者団体や取引相手からの申入れに対応する業務も行うのであれば、法務部はもっとステイクホルダーシップに関わる提言もするようになるでしょう。

　具体的に言いますと、ある問題に人員を割くという具体的提言は、それによって放置されるアジェンダについて別種のリスクが発生するということをある程度織り込んで、しかし、それは法務部としては許容できるという判断を含んだ提言でなくてはならないことになります。法務部に期待される提言は非常に高度化するということでもあると思います。

　とはいえ、法務部が表に出て対立構造をあおらなくても、できることはたくさんあるかなと思っております。ESGに関して言えば、まずはESGを含めて考えた会社のリスクの正しい認識を経営陣に持ってもらう。その認識の形成を広い層で支えることが、法務の一つの大きな機能になるのかなと思います。リスクに係る経営者の認知の歪みはいろいろな面で起こります。最近の法的な動きのアップデートだけでなく、地理的に広い範囲に事業を展開する会社では、末端の事業所やサプライチェーンとの関係で起きているリスクを認識し切れないというような

限界があるかもしれませんし、投資家の意識の急激な変化があれば、ステイクホルダーの意図についての認識の限界もあるかもしれません。法務部だけでそうしたリスクについて注意喚起したり独自の計画をまとめたりするのではなく、声を聞くべきステイクホルダーの選定や場の設定などの調整を通じて、経営陣、ひいては全社的に、その認識と取組が変わっていくような工夫をすることも重要になってくるのではないかと思っております。法務部員のキャリアとしてフロントに立った経験がないと、ステイクホルダーの調整など行うのに必要なつながりができにくいので、法務部員の構成や経験は今後大きな課題になるのではないでしょうか。

Ⅴ　おわりに

　いろいろなことにわたってお話をさせていただきました。必ずしも法律に係ることだけではなかったかと思いますけれども、以上で私の発表とさせていただきます。（拍手）

＊本研究はJSPS科研費 JP23724366,JP21398804 の助成を受けたものです。

パネルディスカッション

トップマネジメントと共に考える企業法務の未来

三井物産株式会社代表取締役社長
堀　健一 HORI Kenichi

パナソニックホールディングス株式会社取締役 執行役員 グループ・ゼネラル・カウンセル
少徳彩子 SHOTOKU Ayako

東京大学大学院法学政治学研究科教授
松井智予 MATSUI Tomoyo

東京大学大学院法学政治学研究科教授（当時）
平野温郎 HIRANO Haruo

モデレーター　EY弁護士法人ディレクター（当時）
前田絵理 MAEDA Eri

Ⅰ．はじめに――パネリスト紹介
Ⅱ．トップマネジメントと共に考える企業法務の未来
Ⅲ．質疑応答

Ⅰ はじめに――パネリスト紹介

平野　それでは、パネルディスカッションに移らせていただきたいと思います。始めにパネリストを御紹介したいと思いますが、まず堀社長です。ここに御経歴があります。さきほどアメリカでのお話もありましたが、事業部門や関係会社だけでなく、IR部や経営企画部など主要なコーポレート部門も幅広く経験されています。

堀　あらためて、どうぞよろしくお願いいたします。（拍手）

　では次に少徳さん、一言お願いします。

少徳　パナソニックホールディングス株式会社で取締役執行役員グループ・ゼネラル・カウンセルをしております少徳彩子と申します。また、本年から、企業における法務機能の今後の在り方を有志で研究する会を立ち上げておりまして、そちらの戦略法務・ガバナンス研究会の会長も務めさせていただいております。本日はよろしくお願いします。（拍手）

平野　では、松井先生、お願いします。

松井　ありがとうございます。こちらにあるとおりの経歴でございますけれども、私も実際にどのように組織を組むとうまく回るのかということを、社外監査役などをやっているうちに痛感いたしまして、実務における法務を、ただ単に機能というよりは人がどうやって担うのかということに興味を持っております。本日は、よろしくお願いいたします。（拍手）

平野　よろしくお願いします。

　私は、ここに書いてあるとおりでございまして、三井物産が前職で、10年前に東大に移りまして、もうそろそろ定年退職いたしますけれども、最後にこんなシンポジウムができて本当にうれしく思っています。どちらかというとアジアの仕事が多い人間で、経営法務人材というよりも、中国オタクみたいなことでやってきた人間です。色々なことをやっていますが、とにかくビジネスと法理論の橋をどうやって架けるかということをずっとやってきましたが、今でも本当にうまくいったかどうかわかりません。どうぞよろしくお願いします。（拍手）

　前田先生、自己紹介をいただけますか。

前田　本日、モデレーターを務めさせていただきますEY弁護士法人の前田と申します。弁護士法人に所属しておりますが、現在弁護士業務は行っておらず、コンサルティングサービスを提供しております。主にガバナンスや法務機能等のコーポレート機能の強化支援を行っています。もともと企業での勤務経験もございますので、どうぞよろしくお願いいたします。（拍手）

Ⅱ　トップマネジメントと共に考える企業法務の未来

1.　企業経営における法務の重要性

平野　それでは、ここからは前田先生にモデレーターをお願いしたいと思います。

前田　本日は「トップマネジメントと共に考える企業法務の未来」というテーマで、非常に豪華なメンバーをお迎えしてモデレーターをさせていただくため、緊張しております。よろしくお願いいたします。

　まず、「企業経営における法務の重要性」というテーマからお話を伺ってまいりたいと思います。

　一番初めに、堀様に御質問があります。昨今の経営環境下において、ESG対応などが契機となってということだと思いますが、事業ポートフォリオ変革とか、あと新規事業の創出に挑戦されている企業が多いと思います。当然、新しいビジネスをすれば新しいリスクがございますし、最近であれば地政学リスクというのは非常に大きいリスクかなと思います。先ほど堀様の御講演でもお話を伺いましたが、あらためて、こういった新領域、新しい分野において企業法務に期待するところについて、御意見等を伺えればと思います。

堀　御質問ありがとうございます。さきほどの話となるべく重複しないようにお話ししますと、これだけ環境が変わって、直面する問題が多く、しかも複雑になると、法務部門自身が相当イノベーションを意識して、色々な工夫をする必要があろうかと思っています。今までは、多く数をこなすためにテンプレートを作って処理していたところもあると思いますが、これからは新たなテンプレートを作らなければなりませんし、または、初めてのリスクに対して、どう回避するか、負担できる限界はどこか、ここまで備えれば最悪の事態を免れるのか、なども考えなければならない。あるいはステークホルダーとの利害関係を調整する上で、新しい法的なフレームワークをパートナー等と一緒に作らなければいけない場合もあるでしょう。そういう意味では法務部門の創造力がこれからますます大事になってくるのではないかと思いますし、自分のような立場だと、法務部門に対して「いいアイデアはないのか」という質問がますます増えていくのではないでしょうか。これは法務部門に限らずみんなで考えることだと思いますが、そういうところにこれから力点が置かれるのではないでしょうか。

前田　ありがとうございます。

　続けて、似たような質問になってしまうのですが、企業経営において法務の重要性、どういったところで特に法務機能が経営において必要になってきますでしょうか。何か具体的な場面を教えていただけますでしょうか。

堀　法務部門あるいは法務の仕事は、社内外から信頼を得るというところが大きいと思いますので、公平性とか、仕事をしていく上でのリスクと許容度の在り方について、「これなら持続可能な形でできる」という軸を提示する部門でもあると思っています。法務部門自身もそのような仕事の最前線にいることを意識していると思いますし、そういうところに期待しています。その達成は簡単なことではなくて、色々なことを同時に見て勉強して、あるいは通常は法的な理論の範囲外といえるところまで自分の日頃の観察の場面を広げる必要があるでしょう。ですから、言うのは簡単なのですが、かなり大変な課題だと思いますけれども、そこが強いと企業が強くなりますので、そのような期待を持っています。

前田　先ほどの堀様の御講演でも、モラルコンパスや企業倫理の軸というお話もあったかと思いますので、その面も含めてだと思います。ありがとうございます。

2.　三井物産・パナソニックの法務について

前田　続けて、先ほどせっかく堀様に三井物産の法務についても御講演いただいたので、三井物産の法務について少しお話を伺っていきたいと思っております。その前に、三井物産の法務は、多くの日本企業のなかで言うと、トップ中のトップで非常にハイレベルだと理解しています。日頃、本業のほうで企業の法務部門をはじめとするコーポレートの方々と色々とお話ししていくなかで、日本企業の特に法務部門に共通する課題がございます。非常にハイレベルなところにおられる三井物産の法務にはそこまでの課題はないものと思いますが、最近、日本企業の法務部門で抱えている課題でよく伺うのはグループガバナンスです。こちらは法務機能、法務部門だけではなく、コーポレート全体ですけれども、グループガバナンスとか、あとグループ全体、グローバルでのリーガル・リスク・マネジメント体制の在り方やコンプライアンス体制の在り方も含みますが、グループ全体でコンプライアンスリスクの管理体制をどう構築していくかとか、あとは 2021 年のコーポレートガバナンス・コード改訂がきっかけだと思いますが、知財・無形資産ガバナンスの体制をどう構築していくか。特に、メーカーですと法務部門とは別に知財部門があることが多いですが、他方、メーカー以外の場合には、法務の方々が知財領域も見ているということもよくございますので、そのあたりに課題を抱えていらっしゃいます。

　その他、グローバルな組織再編とか、買収後のPMIにおける法務の貢献の仕方に課題を感じているとか、ESG、経済安全保障といった新しい分野に法務としてどのように取り組んでいけばいいのか、また、昨今急激にリスクプロファイルが変わってきていますので、そのあたりの対応をどうすればいいのかとか、海外法令にどう対応していけばいいのか、などの課題を共通して抱えていらっしゃいます。

　さらに、経営法務人材、または戦略法務人材の育成をどうしていけばいいのかと同時に、最近は人材不足でなかなか法務人材が採用できないということで、人手不足の状況のなかで、しかし法務に期待される役割は広がっており、どのように法務業務を効

率化していけばいいのであろうか、というところも共通した課題であると認識しています。法務DXもその解決手段の一つだと思うのですけれども、そのような流れがあって、リーガルオペレーションズという概念が最近法務の領域では非常にホットな話題になっているという状況ではないかと理解しております。

　これらが多くの日本企業の法務が抱える課題や現状なのですが、他方で三井物産の法務は、そもそも法務のポジションが会社のなかで高い。経営からの、しかも社長さんからの期待も非常に高いということだと思います。堀さん、それはなぜだとお考えかというところを伺いたいです。お願いします。

堀　ありがとうございます。過分な言葉をいただいているのですが、まだまだ越えなければいけないハードルはたくさんあります。ただ、長年うちのような会社におりますと、会社自体、色々な問題に直面して、解決を強いられたケースが多いというのはあります。そういう意味では、事例を重ねることで経験を積む機会が十分にあるというのが一つあると思います。

　あと、これは商社の特徴かもしれないですけれども、法務部員に限らず、コーポレートの部員はキャリアの当初から、ビジネスのプロジェクト遂行に直接携わる機会があります。そこで一人一人が自身の役割に責任を持ち、自身の評判をつくりあげているところは比較的ございますね。また、さきほど講演でも申し上げたとおり、皆さん社外のプロフェッショナル・リーガル・アドバイザーを含めてのネットワークに組み込まれる形で成長していくので、プロジェクトマネージャー的な観点でも成長します。つまり、アウトソースすべきものとインハウスでやるもの双方をマネージしながら、プロジェクト全体を進捗させるという意識を早い段階から持つことができるところもあります。

　それから、会社全体の人材育成プログラムのなかに法務部の人も普通に組み込まれています。当社では色々な外国に語学を勉強しに行く機会が絶えずあり、皆さんそれに挑戦するので、さきほど平野さんが中国のお話をされていたように、法務部門の人材でも、たとえば南米に行ってスペイン語を勉強する人が出てきたりします。そのようなキャリアを経て、スペイン語で法務の仕事をある程度進める、あるいはアドバイザーと一緒にやっていくというふう

に、ある分野では深掘りしてもらいます。それと、会社全体の育成計画との組合せで、特徴が出ているところもあると思います。ただ、法務部門に限らず会社全体の問題として、グローバル全体で漏れなくやるには、まだやることはいっぱいあると思っています。

前田　ありがとうございます。

　少徳さんに伺ってまいりたいのですが、少徳さんのチームの法務もグローバル全体でたしか600名ほどいらっしゃったかと思うのですが、三井物産の法務について、パナソニックの法務と比べて率直にどう感じますか。

少徳　そもそも、私が三井物産さんの法務部門について語る立場ではないと思うんですけれども、せっかくいただいた御質問なので、まず1つは、私どもから見ると、有資格者が多い。したがって、非常に専門性の高い集団であるということと、2つ目は、商社という会社の性質から当然だと思うんですが、今、堀社長もおっしゃっているとおり、グローバルの対応力、あと様々な産業や最先端の事業分野にチャレンジをされているので、実務対応力が非常に豊富であるというのは印象として持っております。

　また、数年前に新社屋のほうに一度お邪魔させていただいたことがございまして、フロアの見学もさせていただきました。まだコロナが明けてはいない頃だったんですが、若手・中堅の方が非常に多く出社されていて、結構和気あいあいと色々な議論をされているという姿をあちらこちらで拝見できて、非常に活力のある組織だなという印象は持っております。

前田　ありがとうございます。只今のセッションは「三井物産の法務について」というタイトルなのですけれども、おそらくパナソニックの法務さんもすばらしいのだろうということで、パナソニック法務の強みと、逆に言えば抱えていらっしゃる課題も共有していただけるとありがたいです。

少徳　では、僭越ながら強みのほうから申し上げますと、強みとして、今、私自身が自部門を見ていて感じているのは3つございまして、まず、弊社は1990年代初め頃までは本社にだけ法務部門を置く、いわゆる中央集権的な体制を取っておりまして、ただ、そのときに、色々といわゆる前線で事故が起こり、1990年代前半から、私たちは事業場展開と呼んでいますけれども、法務部門の前線化というのを

ずっと推し進めてきておりまして、それは結果、かなり徹底的に事業や現場に寄り添う法務部門、法務機能になっているというのが１つ目です。

２つ目は、当社も事業ポートフォリオが非常に幅広いということがございますので、その部門をローテーション等で異動することによって様々な事業に関わる、法務に携わるということで、幅広い実務経験を得ることができている。

最後の３つ目に、私どもは昨年の４月にホールディング会社制に移行しておりまして、ホールディング傘下は８つの事業会社で構成をしているんですが、各事業会社にCLO（法務責任者）を設置して、これはさきほど堀社長のプレゼンにもありましたけれども、重要な事業や経営の意思決定に必ず法務が参画するという体制を取っているというのが僭越ながら強みかなと思っております。

他方、課題については、法務のメンバーは非常に優秀なメンバーをたくさん抱えているんですけれども、優秀だからこそ、少し優等生気質があるのではないかなと思っておりまして、ちょっと失敗を恐れるというんですか、自分のコンフォートゾーンからなかなか出ていかないというのが少し弱みかなということと、先ほど前田さんのお話にもありましたが、私どもも全事業会社にCLO等を設置しているなかで、急に法務部門で育成されてきたメンバーが、いわゆるマネジメントの一員としてCLOの役割が果たせるのか、これは今、私も自分自身でチャレンジをしているところでございますけれども、そういう経営を担える法務人材をどうやってつくっていくのかというのが、弱みというよりも私どもの法務部門の課題かなと思っております。

ここで、ぜひ一度堀社長にお聞きしたいなと思ったのが、弊社の場合、少し優等生気質で、コンフォートゾーンを出ていくのを若干ためらう社員がいるなと私自身は見て思っているんですが、三井物産さんにおいて、特に若手・中堅の皆さんがよりチャレンジとかストレッチをする、そういう機会を促す何かしらの仕掛けとか仕組みみたいなことをやっておられたら、ぜひ参考までにお聞きしたいと思います。

堀　御質問が横から来ると予想していませんでしたが、まず、さきほど弊社の法務部門の良い面を色々と挙げて頂いたことに御礼申し上げます。パナソニックさんこそ、ゼネラルカウンセルをいち早く取

り入れて、経営と法務部門の距離のあるべき姿をずっと模索されている。むしろパイオニアとなっておられると思いますので、あらためて我々からリスペクトの気持ちをお伝えしたいと思います。

それで、若手のことですけれども、今仰っていただいたような「若者気質」の話はよく聞きますが、私自身は、結局は表現方法とかスタイルの違いであって、若い人も皆さんかなり野心はあり、いざ正しい形で火がつけば相当ストレッチすると思っています。何がきっかけになるかというと、自分自身で相当裁量を持つことができて、失敗してもきちんとフォローされる状態にあることです。その状態があれば、伸びる人が多いなと感じています。

ですから、あまり大きな現場をいきなり若いうちに任せると大変なことになるかもしれませんが、相応のサイズのプロジェクトを若いうちから任せる、あるいは、小さな海外の店の切り盛りをしてもらう。これは何もかも自分でやらなければいけないので、結構大変ですよね。規模は小さいかもしれないけれども、全領域をカバーしないといけない。それを悩みながらやる。こういうことを１つやるだけで、もう免許皆伝といえるくらい成長するケースを見ています。各論は一人一人丁寧に見ていくしかないと思いますが、パナソニックさんは相当達成しておられると思います。

前田　貴重なお話をありがとうございます。

平野先生は経産省が法務機能の在り方について出された報告書の検討委員もされておりましたので、人材育成も含めて日本企業の課題、法務機能の課題について、かかる報告書が出されたことによって、どのような望ましい効果が日本企業にあったかという点と、もう一つ、まだ経産省の報告書では十分でなかった、まだまだ改善の余地があるというか、今後浸透させていく余地があるとした場合はどのような点があるのかというところをお聞かせください。

平野　ありがとうございます。お褒めの言葉もいただいているんですけれども、三井物産の法務部も最初からこういうものではなかったわけでありまして、組織的にももっと小さかったし、受け身だったし、部長は営業部門から来たカラオケが得意な部長であったとか、そのような時代もあったわけです。私自身が法務に配属になったときに、これは配属ガチャみたいなものですが、当時、文書部と言いましたけれども、これは一体何だと。文書保管箱の係み

たいで、最初から左遷かと思ったんですが、そんなことはない、れっきとしたリーガルディビジョンでした。長い時間をかけて、さきほど堀さんからもありましたが、色々な厳しい事例を解決したり、時には泥をかぶったり、そのなかで組織として伸びてきたのだと考えています。

経産省のレポートは、ちょっと辛口な言い方もあったんですが、基本的には、Partner ＆ Guardianという非常にコンセプチュアルな発信をしましたので、あれは皆さんも実はそれまでもかなり実践されていたんですけれども、それがはっきりそういう道だというのがわかったという効果は大きかったと思います。加えて、そもそも経産省、政府が企業法務というものに着目してくれたのは実に有意義でした。経産省に言わせると、企業法務の保守性が企業の競争力の阻害要因だ、法務が受け身だからちっともビジネスが前へ進まないというような認識で研究会が始まったんですが、それは違うよということです。実はそうではなく現場は課題認識をしているし、未来はこうだよということをしっかり見せられたのがよかったかなと思います。

浸透、変化が十分でないというのは、さきほどの話ではないですが、法務部門は比較的内輪というか、細々とやってきたところから始まり、歴史的にも浅いし、我々自身がどのように機能を発揮するかというのを十分に理解しないまま、何となくとは言わないけれども、頼まれたこと、相談されたことを処理してきた、そういうのがなかなか変わりにくかったというところはあったのですね。それが今、大きく変わってきているんです。だから、経営からはもう少し長い目で見ていただければという感じがしますし、さきほど堀さんがおっしゃったように、若い人たちはみんな野心があるというのは、そのとおりだと本当に思うので、これからが楽しみです。

3. 戦略法務人材、経営法務人材の育成について

前田　ありがとうございます。

では、次のテーマに進みたいと思います。時間も限られているので、色々お話を伺いたい点はあるのですが、主に「人材の育成」と、もう一つ、後ほどこういった「法務人材を効果的に活用するための仕組み」という2つのテーマに絞ってお話を伺ってまいりたいと思います。

まず、堀様に御質問ですが、先ほどの堀様の御講演で、ゼネラルカウンセル、VP、GCのTさんとおっしゃっていただいていましたけれども、あの方がCEOになられた、CEOとして登用された経緯といいますか、また、実際に登用されてどうであったのかというところをぜひお聞かせください。

堀　先ほどの話に補足する形ですけれども、TさんがGeneral Counselだったころ、会社が、多少痛みが伴わないと復活できないような危機的状況に陥りました。そこで彼は冷静かつ痛みの在り方をなるべく最小化しながら、でも、やるべきことはやるという厳しい意思決定を下していた。しかもそのような意思決定が連続的に求められる状況でした。そのような経緯があって、取締役会が、Tさんならおそらくやり切ってくれると判断してCEOに任命した。その後、そのとおり以上にやってくれたわけです。

そういう冷静な感じの人なのですが、実はとても根が明るくて、会社の状況が改善してくるにつれて今度はその部分が想像以上に出てきていました。会社が復活した後は、前向きな仕事をどんどん始めていて、おそらく引き出しがもともと多かったのかもしれないと思っています。それは、それまでのキャリアで、Tさんがどこかで密かにつくっていた引き出し、さきほど講演でお話した強みですが、それもあったのではないかというのが後で持った印象です。

前田　ありがとうございます。複数の強みを取りそろえていらっしゃるのだと思います。先ほど少徳さんのお話にもありましたけれども、8つの事業領域でCLOのポジションを用意しているが、実際に本当に経営を担えるような法務人材をどのようにして育成していくことができるのか、ということが課題であるというお話があったかと思います。堀様にもう一つ御質問です。これまで三井物産さんのなかで、ベースに法務の素養がある方を前提として、本当に経営を担える、または戦略的に色々意思決定をしていくことができるような法務人材の育成をされてきた場合はどのようにされてきたのか、または、まだこれからであるということであれば、今後どのようにしていきたいかをお聞かせください。

堀　やはり経験の幅を広げてもらうのが一番いいと思っています。たとえば、M＆Aによって新しく当社グループに加わった事業体があれば、法務人材——M＆Aの時から担当していた法務人材が理想ですけれども——が出向してその経営チームに入っ

てもらう、これが一番わかりやすく、即効性もあり、伸び代が大きいと思います。

　あと、自身で実施したこともあります。IR部と経営企画部の部長時代に、法務部門の人に来てもらいました。これは思いのほか化学反応が起きてよかったです。非常に細かい話をしますと、文書の質が上がるとか——本当に違うんですよ。プロとしてしっかりしたアウトプットを出すというのは一つのディシプリン、規律なので、そういうところにすぐ現れるわけです。とはいえ、それは一番ディテールのところで、それ以外にも、違うバックグラウンドの人が色々な議論を交わすようになるので、既にいた人、新たに来てくれた法務人材の間から非常に面白い新規の機軸というのが出てきて、それはよかったと思います。そういった交流人事を経験した人は、今色々なことをやっています。ですから、社内であっても他流試合というのはあり得るのです。さらに、だんだん他流試合に慣れてくると、そもそも他流試合なんて言わなくなるわけで、色々なことをやるのが普通になっていく。自分は法務背番号だというより、少し幅の広いビジネスパーソンで、たまたまちょっと自慢の法務バックグラウンドがあるという感じで育っていくのが一つのいいパターンかなと思っております。

前田　ありがとうございます。たしか平野先生から少徳さんに御質問があるのではなかったかと思うのですが、平野先生御質問ございますか。

平野　今の化学反応とかたくさんの「強み」というお話ともちょっと関係してくるんですけれども、アメリカの場合は、法務部は弁護士の中途採用が非常に多くて、私もアメリカのときに中途採用でアメリカの弁護士を採用したわけですが、色々な経験をしている人がいて、そもそも弁護士になる前に学部では全然違うことをやってきた。環境技術やITをやってきているとか、経済をやってきているとか、美術もいましたね。色々な人がいるのですが、それがある意味、化学反応的なことが起きることも多々あるし、また、職域の拡大というのは大変にダイナミックだと思うんです。

　ただ、日本の場合は、法務部員もそうですし、弁護士もそうですけれども、何か狭いというか、こだわるというか、法学ばかり学んできて、どうしても仕事の仕方、職域にもこだわってしまうという傾向を感じます。本当はそれではいけなくて、たくさん

「強み」を持って経営人材に脱皮してもらいたいと思うんです。そのあたりをパナソニックさんでは、弁護士さんをたくさん採用されていたと思いますが、どのように多様なキャリアを積み重ねるような機会を与えて、先ほど堀さんからご紹介のあった法務出身のCEOのような人が出ると一番いいのかもしれないんですが、どんなキャリアパスを御用意されているかというのをお伺いしたかったんです。

少徳　ありがとうございます。まさにそういういわゆる経営人材を育成するというのが弊社の課題だと先ほど申し上げたところで、今、堀社長のお話をお聞きしていると、後ろに背番号として得意な法務がついていてもいいんだけれども、そこに限定するのではなく、幅広く実務経験を積む必要がある。ある意味、それが色々な経験、知見も積めるし、経営に少しでも近づいていくステップなんだなというのを、お聞きしてあらためて実感しています。

　今、平野先生の御質問の弁護士を弊社も当然たくさん抱えておりまして、海外だとほとんど弁護士の場合が多いので、日本に限ってお話をすると、今、日本の弁護士資格を有しているメンバーが34名おります。それに加えて、弊社も米国のロースクールに毎年留学生を出しております。したがって、ニューヨークないしはカリフォルニアの弁護士資格を持っているメンバーも多数いるということで、弊社の場合、まさに今年まで、弁護士資格を有しているからといって別の人事制度を適用したということはなくて、通常の社員と同様に、同じ人事制度、昇格制度を適用してきておりました。

　他方、一部の非常に高度な専門性、ないしは非常に豊富な実務経験を持っている弁護士については、嘱託社員制度という別の制度で採用している。何でそんなことをしているかというと、当社の報酬体系では必ずしもそういう人材が確保できないということで、別の社員制度を持って採用していたんですけれども、私が去年4月にこのポジションになって確認をするところ、これが1年契約で毎年更新ですと。かつ、年初に年俸も合意してしまうので、その年のパフォーマンスがどうであろうと同じ年俸ですということで、これでは不安定だし、いわゆるキャリアパスも描けないし、かつ、インセンティブも働かないよねと。それに当たって、この4月から高度専門ポジション制度という新たな人事制度を導入して、これは、要件は極めて高い要件を規定し、か

つ、人事等も入った委員会で審査をして認定するかどうかというのを決めるんですが、一旦認定されると完全に別の人事制度、昇格制度の下でキャリアパスが描けるようなプランを今スタートしているということです。

それに加えて、今の皆さんのお話をお聞きしていると、CLOって何なのだろうと。ポジション、タイトルはつくるけれども、CLOとは何なのだろうということを今まさに国内の法務責任者のなかで議論していますが、その要件をしっかり定義して、それに向けてキャリアパスをしっかり描き、そこで、先ほど堀社長がおっしゃったように、丁寧に一人一人育成するということをしっかりやっていかないと、経営人材は出てこないんだなというのをあらためて実感しました。

前田　ありがとうございます。今おっしゃっていただいた高度専門ポジションというのは、リーガルの専門性についての特別な制度ですか。そこには経営法務人材の経営という観点からの専門性はあまり含まれていないのでしょうか。

少徳　非常に高いレイヤーのところには経営視点でとか、経営の一員としてみたいな要素は入ってはいるので、全く入っていないわけではないですけれども、どちらかというと、やはり法務としての専門性や実務経験にかなりフォーカスした制度になっているので、むしろ今後、それは少し考えていかなければいけないところなのかもしれないとは感じました。

前田　ただ、実務経験となると、しばらくパナソニック法務さんで御活躍されて、その制度に切り替わるという感じで、外から中途採用をするときにはなかなか適用が難しい制度なのでしょうか。

少徳　どちらかというと外の事務所や他社で、相当高い専門性を持っている方を認定しているので、現時点でそれが適用されているメンバーは、全員キャリア採用で入ってきているメンバーになっています。

前田　ありがとうございます。

では、今、少徳さんからも少しお話があったように、CLOとは何なのか、ということを明確に定義をすることが大事であるというお話ですが、冒頭の平野先生の御講演でも、米国では100％がGC、CLOを設置しているけれども、日本はまだ23％の企業でしか設置されていないというお話があったか

と思います。この点、堀様の目から見て、日本企業においてCLO、GCのポジションをつくっていくべきか、それらポジションの重要性についてどのようにお考えか、御意見をいただけますでしょうか。

堀　私は、本日の平野さんのお話のとおり、GC、CLOが経営の一角として非常にわかりやすい形で認知されていき、少徳さんのような方が活躍されるというのが今後自然の流れになるのではないかと思っています。一方、弊社は今、General Counselを置いてはいません。自分としては、そのようにしていきたいと思っていますけれども。実際のところは、日々の仕事のなかで何か思うと、即、法務のトップに連絡して相談する運用になっているので、名目はなくとも運用でできるところはあります。ただ、それでは若干不足するところがあるので、今、社内でも色々な検討をしているところです（注：シンポジウム後の2024年4月1日に設置）。

ただ、風土というのはあると思います。当社は米国に米州本部という、自分で予算を立てて独立して動ける組織単位がありますが、そのトップの米州本部長はGeneral Counselを含めた経営チームメンバーを従えて、アメリカの企業のように動いています。また、事業の本部長も、非常に意識の高い人たちはそれに類似した布陣を構えていて、たとえば法務部で担当している誰々さんと一緒になって動いているというケースも多いです。個々の組織単位での実態面での運用が徐々にみんなの意識を上げていって、会社全体でのポジションというものに自然に移行していく、今はそういう流れの途上にあると思っています。パナソニックさんのほうが先行されているので、我々も、そこは全社的な動きのなかで自然に移行していきたいとは思っています。

前田　ありがとうございます。

平野先生、この点は経産省のレポートでも、GC、CLOの設置の議論を含め、色々言われていたところかと思います。ただ、まだまだ日本企業としては数が足りないといいますか、設置数がまだ少ないということでしたが、今後設置を増やしていこう、などという動きはあるのでしょうか。

平野　今お話をお聞きしていて、実はちょっと悩み始めております。つまり、経産省のレポートのときには、一つの処方箋、解として、GCやCLOというポジション、最高法務責任者の設置ということをまず打ち出そうと考えたんですけれども、そのとき

に、CLOとは一体何ぞや、法務の守備範囲は——法務の守備範囲というのは適当な表現かわかりませんが——どこまでかという議論を実は十分していなかったなと今お話を聞いていて思いました。ですので、言葉が先走りするというよりも、そこのところを詰めて、本当にこういう形のポジションが必要だという議論になって初めてCFOのように具体的に見えてくるのではないかなと、今、考え方を改めたわけではないですけれども、非常にそういう思いがいたしました。しかし、経営法務人材のとりあえずのゴールがGCやCLOだという位置付けはしましたし、これは間違いではないと思いますので、経営法務人材をたくさん育成していく、それが活躍していくなかで今後モデルが出てくるのかなと思います。ただ、絶対にCLOでなければいけないとか、そういうわけではないですが、堀さんがおっしゃったように、確かにCxOに入っていかないと、なかなか影響力を行使するということが難しいと思っています。

　あと、実は質問も来ていまして、御解答は後で結構ですが、GEの経験者の方からの質問で、GEというのは最初から経営者を決めて、色々な部門をやらせて、それに法務の人間が一緒についていってパートナー・ガーディアンとしても学びながら経営者になっていくというふうに非常にシステマティックにできている、しかし日本企業はどうしてそのように自己変革に自らシステマティックに挑んでいけないのかという質問があります。私は日本企業の場合はボトムアップでよいと思っているのですが後ほど皆さんからもコメントをお願いします。

前田　では、後ほど御披露いただければと思います。ありがとうございます。

　全社的に自然にCLOポジションができていくのだというところで、パナソニックさんは先ほど8つの事業領域に分社して、それぞれCLOを置いていらっしゃるということなので、CLOの数は非常に多いのだと思うのですが、それでも経営を担える人材にどう育成していくかが課題だとおっしゃっておられました。現在、どのような方向性で育成の在り方を考えていらっしゃいますでしょうか。

少徳　ありがとうございます。CLOを育成していかないといけないというなかで、私も今日のパネルディスカッションを通じて、別にタイトルありきではないので、どちらかというと、先ほど堀社長が

おっしゃったように、もう実質その機能を担っている、その認知が進んでいって、そこにそのうちタイトルがついてくるというのも、やり方としては非常に自然なやり方なのかなと。どちらかというと、GCやCLOというタイトルが少し走っちゃっているところもあるのかなというのはあらためて実感をしていて、弊社の場合は、どちらかというと、先にタイトルで、今そういう人材を十分確保できていないというところが課題なので、どっちのやり方もあるんだろうと思いつつ、とは言いながら目指すところは同じところ、経営を担える法務人材をということなのかなと感じています。

　私どもは、先ほどもちょっと申し上げましたけれども、育成をしていくに当たって、まず、そもそもCLOの要件は何だという定義付けをやっておりまして、その要件を充足するためにどんな経験を積ませる必要があるのかということをやっております。

　あと、これはひとしくやるというわけではなくて、ハイポテンシャル人材を早期に発掘して、先ほどの要件に照らした必要経験をどう積ませるのか、これはかなり計画的に、しっかりやっていかないとなかなか育たないというので、ハイポテンシャル人材の早期特定と計画的な育成、メンタリングが必要なのではないかと考えているのが2つ目です。

　3つ目、先ほど堀社長もおっしゃっておられましたけれども、法務以外の機能、経験をどう積ませるのかということも考えております。特に、グループ全体を見渡して、トップマネジメントに近いところで仕事をするポジション、またはグローバルで仕事をする経験をできるだけ早く与えて、先ほどの幅を広げる、知見を積むということをやっていく必要があるのではないかなと思っております。

　最後に、育成とは直接関係はないんですが、実は育成の効果があるなと思っているのが、先ほど申し上げたとおり、私どもは8つの事業会社にCLO（法務責任者）を置いていますけれども、そのうち2つに社外から——今まで経営幹部を社外から採ってくるということは、そんなに法務ではやっていなかったんですが、8社のうちの2名は社外から入られた方がCLOをやっておられる。当然色々な経験を持ったCLOが今活躍をしてくれているなかで、彼らがいることによって、ほかのCLOも非常にいい刺激を受けているというのもありますし、傘下のメンバーも、ああいうキャリアパスがあるんだという

のを、ある意味、目の当たりにできるチャンスもあるので、そういう意味では、多様性という視点でも異なるバックグラウンドを持つ人材を入れていくということも、直接育成ではないけれども、副次的な効果は期待できるのかなというのを今実感しています。

前田　まさにそうですね。ありがとうございます。

　では、このテーマでは最後の質問ですけれども、松井先生に、サステナビリティ経営やサステナビリティガバナンスが御専門ですので、そのような観点から法務人材の育成を考えたときに、どのような育成方法があるのかというところについて御意見を頂きたいと思います。

松井　これは今までのリスクマネジメントという観点から見た人の素養とそれほど大きく変わるところではないのではないかと思います。ただ、リスク管理の相手方が、たとえば投資家からの評価だけではなくて、環境や人権に係る色々な主体から訴訟、不買運動、あるいは動画による拡散とか、法的でない形での主張をしてくる人たちに対する対処のようなものが仕事のなかに入ってきたり、あるいはDXという新しい潮流のなかで、フェイクに類する世論の誘導であるとか、ランサム攻撃であるとか、今までなかったようなことへの対処をしながらステイクホルダーシップやサステナビリティを追求するということで、色々と難しいことは出てくるだろうと思います。

　ただ、会社の側に法的に見て全く問題がないことについてステイクホルダーがしてくる働きかけについては、どんどん多様化しているとは思いますが、法的論点に落とせば会社にリスクはないということをクリアに把握して社内に宣言し、落ち着かせることの大切さをわかる人がよいと思います。そのうえで、法的には問題がないけれども、どういう対応をしたほうがいいのか、そしてそれにどういう優先順位とか時間軸での行動があるかをまず冷静に議論できるということが、そういったことについての必要な資質だと考えます。これは今までのリスクマネジメントに関する資質と非常に共通項があるものだと思います。

　今までのお話のなかで、ネットワーキングについてシームレスに会社としての仕掛けを自覚的につくっていくことによって経営の知見を育てるというお話がありましたサステナビリティに知見のある法務実務家を育てるというトピックに対しては、私たち大学教員としては法科大学院でどういうカリキュラムを組んで、そういった人たちをお届けするのかというお話をしなくてはいけないはずですが、学生の年齢層で言うと、問題意識をきちんと持っているけれども、まだ社会経験がないので、リスクマネジメントとか不祥事対処、それが会社におよぼす影響について実感が乏しいという学生が多いのではないかと思っています。

　他方で、サステナビリティ課題はかなり新しいものですので、中堅以上の法務の中心を担う人材の側では、どういう重要性があって、どの程度急いで対応しなければいけないのかについての実感のアップデートを急いでやらなければいけないというところが課題になっていると思います。そういったことでは投資家など色々なステークホルダーとの調整を担うセクションなどに法務人材を自然に配置をして、コネクションを自覚的につくっていってもらったりして、積極的な役割を担ってもらうことで育てるということが若手・中堅双方にとって有効な方法ではないかと思っております。

　それから、年代間の意見の交流が活発に起きることも必要かなと思っておりまして、若い人たちの意識を上の人たちがきちんと酌み取って、法務の戦略に落とせるような法務のなかでの人材の交流の密度も必要かなと思います。

　最後に、不祥事とか緊急時対応ということについても、どんどんもっとクリアに、もっと早くということが求められる時代にはなっておりますから、ESGのGという点で言えば、官庁とか外部弁護士事務所も含め、様々なところと交流を密にする。たとえば、一時インターンに送るとかいったことも含め、外部頼りになる前に、内部で迅速、適切な対応ができるような法務を育てるということが大切ではないかと思います。

前田　ありがとうございます。年代間の議論を活発化させる、要するに様々なバックグラウンド、引き出しを持った人が多様性のある組織をつくってというところ、また外部との連携、たしか三井物産の法務さんのリーガル・エコ・システムみたいなところですよね。そういったところを通じて幅広く社内に限らず、広く育成をしていくことが重要なのだと思いました。ありがとうございます。

4．法務人材をより効果的に活用する ための仕組み・取組について

　では、2つ目のテーマに移らせていただきたいと思います。そういった経営法務人材が求められるわけですけれども、彼、彼女らを効果的に活用していくためには、会社としてどのような仕組みをつくっていくべきかというテーマについて、お話を伺ってまいりたいと思います。

　まず、堀様にお伺いしたいのですが、法務という専門性がベースにあって、その上で全社的視野に立った判断力、決断力が備わった人材、引き出しも「強み」も複数あるような人材は間違いなく経営に貢献できるのだと思うのですが、逆に、この点、堀様として、法務経験のある経営者を御覧になった際に、どのような面で強みを感じるかというところを教えていただけますでしょうか。

堀　当社はグローバルな仕事を標榜していまして、収益源も世界中に分散していますが、最近、グローバリゼーションが少し後退しているのではないかということを耳にすることが多いです。これだけ色々な難しいことが起きていると、企業がそのように考えるというのは不自然ではないと思いますが、一方で、もしかしたらもっと難易度の高い国際的なコンソーシアムを組めば、むしろグローバリゼーションは進むのではないか、あるいはそれがないと分断を乗り越えられないのではないかという感じもします。

　そのような状況下、それに足るだけの素養、つまり本日のテーマでいくと法務的なバックグラウンドにいくつかの引き出しを加え、さらに経験も十分だという人がいたら、まさにそのような一段目線を上げたグローバリゼーションに挑戦していただきたい。そういう方が複雑性の上がったステークホルダーの利害関係を調整して、それを解決するような新しいテンプレートを自分で想像力を働かせて作るような仕事に傾注していく、そういう時代になってきているのではないかと思います。これは自分たちができているかというと、とてもハードルが高いと思いますが、逆に、そこを目指さないと、今の分断のなかで新しい事業をしっかりつくっていくというのは難しいと思います。そのような期待感も込めて、法務バックグラウンドのある経営人材は、ぜひそういうことを目指していくべきなのではないかと思います。

前田　そういった人材を効果的に会社経営に生かしていくための仕組みとしては、ローテーションというよりも、どういうところに起用するかとか、海外の現地法人の社長さんをしてもらうとか、どういったアイデアがありますでしょうか。

堀　さきほどのGE関係の方の質問にも近いと思いますが、ちょっと乱暴な言い方ですが、次から次へと火中の栗を拾ってもらうしかない。「ああ、それを拾ったの？　よくやった、ありがとう、次はこれ」というふうにやっていく（笑）。もちろんある範囲で、ですけれども。そうすると、本当にタフで多才な人材が育っていくので、そこがポイントだと思います。結局、そういうところに経営資源を集中していくというのがやっぱり大事です。

前田　それは法務人材であって、法務の組織のなかでということなのか、そこはやっぱり垣根を越えてということなのでしょうか。

堀　法務人材に限らない話だと思いますが、垣根を越えてやっていただくということだと思います。また法務領域に戻ってきても、出たり入ったりでもいいですが、とにかく次から次へとやっていただくというのが、本当に累乗的に実力が上がってくるように思います。

平野　それは本当におっしゃるとおりで、自分ができたかどうかは別にして、修羅場の積み重ねみたいなことになるわけです。今日はお話ししませんでしたが、修羅場というのは、理屈としては開発的なジョブアサインメントという言い方をしていて、要するに、人材の開発には、そういうちょっとストレッチをかけた機会の繰り返しが一番伸びる。それを通じて実はモチベーションも良い方向に変わると言われていますので、それはまさにおっしゃるとおりかなと今お聞きしていて思いました。つらいですけれども。

堀　間はちょっと休んでもいいと思います（笑）。

前田　バランスが重要ですね。ありがとうございます。

　松井先生に違った角度から御質問させてください。最近、企業法務、法務は人手不足といいますか、人材もなかなか採用できないという問題を抱えているなかで、他方で経済安全保障、もちろんサステナビリティの課題、人権もそうですが、どんどん法務が所管すべき領域が広がっており、さらにはレピュテーションリスクの管理、法令、ハードロー、

ソフトローのみならず、企業倫理とか、そこまで広がっていると思うんですけれども、そのような状況について、客観的に外から御覧になられてどう思うかというところをお聞かせください。

松井　先ほどのプレゼンテーションのなかでも、イギリスで、法務部門は3倍に増えたけれども、外部アウトソースをする、あるいは非法務部門でできる作業を切り出して、できることをどんどん集約して、ふくれあがる法務の仕事をまわしていることに触れました。同様に現在の日本の法務と呼ばれているところで行われている仕事にも、社内の訴訟対応とかコンプラといった業務と、経営レベルでの投資家との対話とか、約款の実効性管理といったような経営レベルの課題が色々と降ってきている。次元の違う業務を担っているという実情があるのではないかと思います。そうすると、単純に業務負荷がどんどん増えるなかで、現在、今日御発表いただいた会社に限らず、各社で法務部長職の位置付けを高度化したり、あるいは重要会議への出席とか、ステークホルダーとの折衝の機会を工夫して、部門をまわしているのではないかと想像します。そういう意味では、実際に業務負荷が過大になっていないのかというのは、皆様に伺ってみたい部分ではあります。

他方、今言った絞るということを極端にやってしまいますと、取締役会で積極的に問題提起したほうがよい事項を発見したんだけれども、どういう行動規範に従えばいいかで迷うということもあるかもしれません。法的には喫緊でない指摘事項で、レピュテーションや長期的リスクにすぎないことと判断したために、人が足りなくて忙し過ぎるので、法務から人事に関わる提案が難しい以上また後に回しましょうといったような結論になったり、あるいは今現在、日々起こってくる仕事の対応が優先ですねとなってしまう可能性もあるかもしれないということで、先ほどモラルコンパスというお話がありましたが、この機能を維持しながら日常業務をするということは非常に困難ではないかと思っています。

前田　その点が、今、多くの日本企業の法務部さんで悩まれているところだと思います。業務をどう効率化していくか、それと同時に付加価値の高い仕事にどのように人材を充てていくかというところだと思うのですが、少徳さん、パナソニック様でこの現状をどう御覧になられていて、パナソニックさんのほうではどのように人手不足対策を含めて御検討さ

れているか、教えてください。

少徳　ありがとうございます。本当に今、松井先生がおっしゃっているとおりでして、私が企業法務のキャリアをスタートしたときは、契約審査業務とかドラフティング業務を日がな一日やっていたなと記憶しておりまして、それに時々訴訟対応してみたりぐらいがせいぜい関の山だったのではないのかなと思うんですけれども、今、自部門を見ていると、もちろん従来の契約審査業務であったり、訴訟対応、クレーム対応はありますが、それに加えて、私が始めたところには全くなかった経済制裁、いわゆる貿易規制対応であったり、サプライチェーン、人権・労働コンプライアンスをはじめとするESG対応であったり、またデータプライバシー、あと監査とか調査もかなりのリソースを割く必要があるというなかで、法務が担当している領域は拡大の一途をたどっているなというのは日々実感をしております。かつ、法務部門単体では対応できない分野も非常に増えてきていて、したがって、機能横断かつグローバルにチームを組成して、プロジェクトとして回していかなければいけない事項も増えてきていると思っています。

そのなかで、あらためて法務の機能を見ると、つい実務経験、専門性にばかり目が行きがちなんですが、法務機能、法務の業務をすることによって日頃培ってきている情報収集とか分析力であったり、ディスカッションや意思決定をファシリテーション、ナビゲーションするような力であったり、またロジックに裏打ちされたソリューションの提案力であったり、これって非常に重要なケイパビリティであって、つい専門性に目が行くんだけれども、ここはこういうソフトスキルというんですか、こういうケイパビリティでも会社、事業に貢献をしていけるのではないのかなと感じております。

本当に人材の確保は非常に深刻な問題でございまして、かつ、早期に育成をしたいという思いはあるものの、まず新入社員の採用・育成というのは、弊社としては当然継続していく必要がある。さもなくば法務機能、法務部門のサステナビリティを維持できないと考えておりまして、これは時間もかかるし、手間もかかる。でも、法務機能、法務組織を今後も引き続き企業のなかでしっかりマネジメントしていくためには、そういう人材育成が必要であるというふうには考えております。

他方、多様性の観点も含めて、キャリア採用というのは非常に力を入れておりまして、それを踏まえて先ほどの高度専門ポジションのような新たな人事制度も導入し、キャリアで入ってくるメンバーについてもしっかりキャリアパスを示し、成長の機会を提供していくということはやっていく必要がある。

ただ、それでも、10年後、私が今担当している法務部門、法務機能のサステナブルをどう維持するのかを考えるなかで、同じ人数を確保できるというのはもう無理だと今思っておりまして、したがって、今提供している質量ともの・サービスを維持するためには2つありまして、1つは、テクノロジーの活用はどんどん推し進めていく必要があると思っております。

今年から、まず日本のオペレーションは、新たなコントラクト・ライフサイクル・マネジメント・システムのソリューションを8万人の従業員を対象に導入をかけて、圧倒的に業務比率が高い契約業務を効率化するということに加えて、ナレッジマネジメントも進め、少しでも業務負荷を減らし、リソースをより高度・複雑な案件に振り向けていけるようにということもスタートしております。

あと、これもまだスタートしたばかりですけれども、同じく契約業務をアウトソースする。今で言うとALSPだと思いますが、そういうアウトソースをして、どちらかというと、業務量は多いんだけれども、そんなに複雑ではない、非常に一般的な業務についてはどんどん外出しをしていって、同じくリソースにシフトをかけていくということ、これはどれも始めたばかりなので、まだ成果は出てきておりませんが、これを地道にやらないと10年後はないなという危機感は非常に強く感じています。

前田　ありがとうございます。

平野先生、例の経産省の報告書を作成された頃に、この観点は何か議論がなされたのかというところをお聞かせください。

平野　まさに今、少徳さんがおっしゃったことです。つまり、本当にロールモデルになられていると思うんですけれども、先ほどの高度人材の人材獲得競争になっている。キャリア採用について求人が増している。これについて、優遇というか、待遇をよくする、あるいは外国人人材の獲得に広げていくとか、色々な議論が出ております。

それから、実は大学の役割ということがありまして、もう少し産学の連携を深めて、企業法務の市場に供給される優秀な人材を増やせないかという議論は当然ありまして、実は研究会のときに文科省の方もおられて、司法試験改革の問題も含めて議論をしたんですが、これはなかなか難しいところです。彼らもその必要性はわかっておられて、研究会終了後の懇親会の場などでは実はそうなんですよねみたいなお話はあったのですが、やっぱり色々な障害があってなかなかできないというところはあるようです。しかし、学生が皆ひたすら司法試験合格一本槍を目指す必要はないので、もっと人材プールを大きくしていくということは大学の一つの役割かなというふうには思っております。

また、もちろん業務の効率化というのは、それこそリーガルテックとか、コントラクトローヤーのアウトソースとか、ナレッジマネジメント、法務部データベースの充実と社内開放等々、これもレポートには当然出ておりました。

これは大分前になりますけれども、三井物産のとき、非常に忙しいのでどうやって仕事を効率化するか。これは自分たちというよりも制度を変えるということで、たとえば、商社ですのでバーゲニングパワーが弱いものですから（笑）、パナソニックさんの契約フォームでやれと言われるとそれに従わざるを得ないのですが、かつてはそれが全て稟議事項になっておりました。基本的にこれを全部やめました。もう現場に任せるということです。なぜか。それは非常に多かったので、とにかく相手先の信用度合いでメリハリをつけて審査することで効率化するということと、結局商売をやるためには受け入れざるを得ないのなら営業部門が自分たちの採算と責任でしっかりリスクマネジメントしてください、法務部は相談には応じます、ということにしたわけです。それから、昔は契約を100％書面化することが義務になっていたんですけれども、これもやめた。要はリスクの大きさと起こりやすさのマトリックスを考えて、インパクトが小さいところ、相手先の信用度が高く大きなリスクが起きなさそうなところは業務プロセス自体をどんどん省力化していく。

いずれも基本的な考え方は現場に任せるということですが、その代わりに法務部として法務リテラシーを高めていただくための研修は一生懸命工夫してやりますという、そのような形でやっていました。私が離れてもう10年たちましたので、おそら

く今もっと進んでいるのではないかとは思いますが、考え方としてはそのようなことでやっております。

前田　ありがとうございます。

では、そろそろ時間も押してまいりましたので、最後に堀様にお願いです。多くの日本企業の経営者に向けて、法務機能を効果的に活用していくに当たって、経営者としてどのような意識改革が必要であるかというところと、また、法務人材といった専門家人材をどのような意気込みで育成していくべきか、という点について一言頂戴できましたら幸いです。

堀　非常に難しい質問ですね。私がほかの経営者の方に何か申し上げる立場ではないと思うので、自分自身への戒めというか、日頃どのような問題意識を持っているかということをお話しすることでご勘弁いただければと思います。まず、強力な経営チームというのがやはりとても大事であり、そしてこれを代々続けることが大事であると思っております。これはCEOも含めた、会社を率いるリーダーシップチームが、ステークホルダーとの調和をきっちり図りながら、企業全体の価値を社会に受け入れられる形で大きくしていくという使命を全うするためにも大事だ、ということです。たとえばCFOの人だったら——CFOもリーダーシップチームの立派な一員ですね——自分の持っているもともとのバックグラウンドに対して、濃淡を思い切りつけつつ、今申し上げたような大きな目標の実現を目指せるくらいの素養を長年のキャリア展開のなかで身につけていき、そのうえで全体最適、全体を動かすというリーダーシップチームの議論に入ってくるというようなイメージです。その前提としては、外の人と折衝していても、値踏みされても、負けないようなバックグラウンド、素養を身に着けたうえでということです。たとえばGeneral Counselのようなイメージの方が、そういう強い素養、バックグラウンドを持って、さらに長年の経験で色々なことができるようになったうえで会社全体を率いるリーダーシップチームの一員になる、こういう経営チームがあると、やはり強いなと思います。

これをある企業体が世代から世代へ、次から次へと輩出するのは、こんな難しいことはないのですけれども、その確度が少しでも上がるような工夫を経営者が行っていくことは、とても大事だと思いま

す。そうしたことが常態化すると、ある分野の専門人材が、自らの専門性を有する領域だけに留まらず、それを凌駕するような高い経営目線を持つように自ずとなってきます。そういった人材を如何に育てて、リーダーシップチームをどうつくっていくかというところが私の日頃の悩みでありますが、私としては、常にそれを目指していきたいと思っております。この点については色々な方と意見交換させていただくことがあり、本日も非常に刺激を受けております。

前田　ありがとうございます。何よりも「人」だということだなと思います。貴重なお話をどうもありがとうございました。

御清聴どうもありがとうございました。（拍手）

Ⅲ　質疑応答

平野　今日は貴重なパネリストの方々が揃っておりますし、中身も非常に濃い話で、時間が押してはおりますけれども、せっかくの機会ですので御質問を2つ3つお受けしたいと思います。恐縮ですけれども、今日せっかく対面で来てくださっている皆様優先ということで、まず対面でいらしている方で御質問があれば、どんなことでも結構です。ぜひお伺いしたいと思います。お願いします。

質問者　お話ありがとうございます。質問としましては、法律の変化によってビジネスチャンスが生まれる。そういう法律の変化によって攻めるみたいなことができる場合もあるかなと思うんですけれども、そういう機会を捉えるために法務部門はどのような役割を果たすのかというところをお伺いしたくて、たとえば、どうしてもそういう変化、攻めの部分は、イメージとしては営業部門、いわゆる事業側の人たちがやるイメージがあるんですが、そういうところで法務部門がどのような役割を果たしているのかとか、今後どのような役割を果たしていくべきかといったところをお伺いしたいです。よろしくお願いいたします。

前田　少徳さんから回答いただけますでしょうか。

少徳　御質問ありがとうございます。今おっしゃっているのは、まさに渉外機能というか、ロビーイングの機能だと思うんですけれども、今、法務部門は、自分たちで法律が変わるのをチャンスと捉え

る、またはむしろ法律を変えていこうと働きかけをするというのは、従来の法務機能、法務部門のなかの役割としてあまりなかったというのは正直なところだと思います。ただ、それはあくまで日本の話であって、日本の企業でも法務部門が法改正に非常にアクティブに関与していらっしゃるところもあるとは思うんですが、少なくとも弊社の場合は、日本のオペレーションではあまり積極的に関与していない。ただし、たとえば欧米の私どもの法務部門でいくと、非常に積極的にロビーイングに関与し、意見を提起していっているなと。

　ただ、日本はそれでいいのかという御質問だと思うんですけれども、今まさに私自身も、先ほど私は戦略法務・ガバナンス研究会というところの会長をやっていますというお話をしましたが、そこでも、今までの私たちが思っている法務機能、法務が担当している領域をどう拡大していくのか、ある意味そこにとどめてしまっていて本当にいいんだろうかという議論はかなりやっておりまして、今、毎月の月例会のなかでも、いわゆる渉外活動をしている方に色々と話しに来てもらって、私たちが今まさに学ぶということもやっていますし、むしろ今後は日本であったとしても、そこの機能により参画する。日本は、圧倒的に法改正は一企業としてというよりは経済団体でとか、たとえば企業法務の団体でコメントをして動かしていくというところが主になっているので、なかなかそこに積極的に自社としてというところには至っていないのが今の現状ですけれども、ただ、本当にそれでいいのかというのは、今まさに御質問をいただいたとおり、法務機能としてもそこでとどまっていいとは私は今思っていません。

平野　ありがとうございます。よろしいでしょうか。

質問者　ありがとうございます。非常によくわかりました。

平野　付言しますと、御指摘の点は経産省のレポートでもクリエーション機能という言い方で打ち出しているもので、実はこれについても本当に議論が沸騰したというか、一体それは何か、法務はそこまでやる必要があるのか、ビジネスを生み出すのは営業部門ではないかという議論もありました。しかし思い返してみれば、これはイギリスだったか、海外のある弁護士が三井物産法務部にプロモーション目的で来たのですが、彼の専門はエネルギーのプラク

ティス分野ですが、こういうビジネスモデルもあったとか、今の世界的な動向からしてこういうビジネスモデルもあり得るといった説明で話を始めるんですよ。いきなり宣伝や法令改正動向の話ではないんです。自分としてはそのときはすごく違和感があったのですが、実は彼らはこれまでの実務を踏まえた新しいビジネスモデルを例として提示して関心を引き、ところでこのモデルではこういう法務業務が出てくるので、準備ができているうちを使ってくださいという話なんですが、なるほどね、そこまで考えるのかと。正直ちょっと発想が違うなと思いました。ただ、そこまで我々ができるかどうか、今後の検討課題だと思います。ありがとうございます。

前田　是非やっていきましょう。

平野　ほかにはいかがですか。

質問者　本日は貴重な機会とお話を賜りまして大変ありがとうございました。

　全体的なお話を聞いて、本当に素朴な疑問というか、大きな質問なんですが、たとえば法務部員とか、そういったものを担う社員の方たちは、火中の栗を拾いに行くような大変な研さんなり修業をして立派な社員になられる、プロフェッショナルなローヤーになるなどがあるんですが、個人的には、たとえばIT企業ですとシステムが出来上がった、建築だと建物が建ち上がった、可視化できるやりがいみたいなものを感じてお仕事をされている方が多いかもしれないと思うのです。そこで、たとえば契約書をつくるという非常に細かいセンシティブな仕事、紛争、トラブル、栗を拾いに行くような大変な業務、そういったなかで、法務部員の人たちは何をやりがいにして成長しているのかなと。法学部生や学生さんもそういったものに非常に興味があると思うんですよね。大変なこと以外に、やりがいというものは皆さんどういったものがあるのかというのを率直な感じでお聞かせ願えればと思います。

堀　火中の栗と言ったのは私ですので、私からお答えしたいと思います。法務部門の貢献について、定量的にわかる場合もあります。たとえば非常に大きなトラブル案件を片付けた場合です。うまく解決出来なかったら被る可能性があったこれだけの損失を防ぎました、というのは非常にわかりやすいです。また、新しい仕事をつくるときは、今ゼロであったものが追加でどのように価値が出るか、計算できるのでわかりやすいですよね。長期でじわじわ価値が

出るものも当然あります。

　ただ、実際に弊社の法務部員がうれしそうにしている場面を思い起こしますと、別のやりがいの感じ方もあると思います。たとえば、ある案件が苦労の末クローズしたとします。その後は事業が順調に進捗して、たとえば5年後ぐらいに案件組成時に一番苦労したチームが集まるわけです。そのときに、お互い、あのとき頑張ったねと言い合いながら、「一番ピンチのときに、法務部員のあなたが、あそこで我々の反対を押し切ってあることをやってくれたから今日があるね」なんていう話をよくするわけです。その言葉を、法務部員の皆さんは、牛の反芻のように思い出して楽しむわけですね。これは一人一人宝物として、大切に積み重ねている。これを糧に次に頑張ることができます。

　あと、5年ぐらいたつと、みんな記憶が少しずつ変わってきます。やっていないことをやったと言い出す人がいたりして。そうしますと、法務の人は、ちゃんとプロフェッショナルにログをつけているので、一番頼りになります。いやいや、言っていないと修正してくれます。今のは面白おかしく言っていますけれども、そのような積み重ねで、みんな自信をつけていくのだと思います。企業人としてのキャリアというのはおそらくそのような形で開発されていくものでして、皆さん、色々な経済的リワードとかあるかもしれないですけれども、そういうところが人材の成長のためには非常に大きいのではないかなと思っています。

平野　割と自己承認欲求の強い人たちという気はしますね（笑）。仕事を通じた自己実現というところもあると思います。やはり皆さんがおっしゃったような、できた、やった。あるとき階段を昇りきったように自分が成長したと感じるときが何回もあると思うんですが、それを糧にしているというところはあるかと思います。ありがとうございます。

　時間も少し過ぎてしまいましたので、まだ御質問はあるかもしれませんが、今日はこれぐらいのところで終了したいと思います。

　堀さん、少徳さん、松井先生、本当にお忙しい中、今日は自分も実に楽しくお話しさせていただきまして、ありがとうございました。あらためて拍手をお願いいたします。（拍手）

　それでは、これで終了ということにさせていだきます。ありがとうございました。

資料編 Part 1

企業価値向上に資する企業法務の在り方と人的資本としての経営法務人材

東京大学大学院法学政治学研究科教授

平野温郎 HIRANO Haruo

第67回比較法政シンポジウム
トップマネジメントと考える企業法務の未来

企業価値向上に資する企業法務の在り方
と人的資本としての経営法務人材

東京大学大学院法学政治学研究科

平野 温郎

2024/2/1　　1

略歴

- 東京大学大学院法学政治学教授

- 米国コロンビア大学ロースクール客員教授（2023年）

- 2013年6月末まで三井物産法務部門（当初は文書部）にて勤務（約31年）

- その間、上海対外貿易学院(現上海対外経貿大学)にて中国法を調査、研究

- 香港大学専業進修学院Diploma in Legal Studies修了

- 中国（上海、北京）、台湾（台北）、香港、ニューヨーク駐在歴13年

- 法務部門人材育成・人事管理・ナレッジマネジメント担当セクション（総合開発室）長を担った後2013年7月から現職。専門は国際取引法、国際企業法務実務、アジアビジネス法

- 経産省「国際競争力強化に向けた日本企業の法務機能の在り方研究会」委員

- 法務省「日本法令外国語訳推進会議」構成員

2024/2/1　2

トップマネジメントと考える企業法務の未来

■ 「国際競争力強化に向けた日本企業の法務機能の在り方研究会」

日本の経営者は経営法務の重要性を分かっていない。米国の経営者に比べて法務の使い方がなってない。

vs

法務部門が経営オンチだ（経営を意識していない）からだ。経営者に対する働きかけや発信が足りないからだ。

⇒ 「経営者が法務機能を使いこなすための7つの行動指針」を公表したが。。。

将来のために、経営者との対話の機会を設けていこう。

■ 第61回比較法政シンポジウム：「ガバナンス改革を踏まえた企業法務の新たな機能・役割－サステナビリティ・ガバナンスの進展により高まるCLOの重要性」by CLOs

2024/2/1　3

トップマネジメントと考える企業法務の未来

「経営者が法務機能を使いこなすための7つの行動指針」

1 経営者は、法務部門を「事業の創造」に貢献する組織にし、その貢献が発揮される環境を整備できているか？

2 経営者は、経営戦略における法務機能の活用に対するスタンスを明確にしているか？

3 経営者は、"経営法務"を遂行できる高度な人材を経営陣の一員、かつ、法務部門の責任者として登用しているか？

4 経営者は、法務部門の責任者との意思疎通を密にしているか？

5 経営者は、"経営法務"により得ることができた新事業の創出や企業価値増大の効果を評価しているか？

6 経営者は、法的リスクを乗り越えてビジネスチャンスにつなげるため、自らの責任で合理的な経営判断ができているか？

7 経営者は、"経営法務"人材の獲得・育成活用について戦略的な方針を示しているか？

 ⇒ 日本の経営者側の認識不足に警鐘。しかしあまり響かず。法務屋の自己満足的欲求との誤解？

企業法務部門（組織・人材）の在り方

 <u>現状の立ち位置は？</u>

■ 近未来に向けた組織の在り方

　⇒ 企業価値向上に資する企業法務・組織の在り方実現に向けた改革が進む。

■ 近未来に向けた人材（人的資本）の在り方

　⇒ 「高度なゼネラリスト」≦「経営法務人材」というモデルに向けて進化の方向へ。

<u>高度なゼネラリストとは</u>

「経験した部門、領域の広狭にかかわらず、広く全社的、総合的視野から組織、職場、仕事を大局的にみて物事を把握し、意思決定し、マネジメントできる人」
（谷田部光一『キャリア・マネジメント』(2010年、晃洋書房) 87頁）

企業法務部門の在り方（経営法務人材とは）

経営法務人材とは

「専門家となる過程を通じて、全社的視野に立った判断力や決断力を発揮できるような能力を備えた人」（谷田部）

・・・法務の専門家となる訓練を通じて、意思決定における合理性や論理的一貫性、リーガルマインドや人間力を獲得しており、これが判断力や決断力にもつながっている。

■ 二つの手がかりから考える

① 「国際競争力強化に向けた日本企業の法務機能の在り方研究会」報告書（令和版）
　～ 「経営法務人材」こそが、国際競争力強化に向けて今求められている企業法務部員のロールモデルであると位置付け。ただし、その育成は容易ではないとも認識。

■ 経営法務人材は育成しうる
　⇒ ✖天性の資質　○正しい意識、内発的動機付けによる継続的な学習と、それを支える組織のコミットメントによる。

　⇒ 経営法務人材のコンピテンシー＊を明確化したうえで育成方法を考える。

企業法務部門の在り方（経営法務人材のコンピテンシー）

■ 経営法務人材ロールモデルの"コンピテンシー"＊　は何か？
　＊「さまざまな状況を超えて、かなり長期間にわたり、一貫性をもって示される行動や思考の方法」
　（スペンサー『コンピテンシー・マネジメントの展開』（2011年、生産性出版）11頁）

動因（Motives）	➤ 強い達成意欲 ➤ 成果による貢献意欲
行動・反応特性	➤ Proactiveness（強い自律性） ➤ 解決～職責を超えた行動
自己イメージ	➤ 効果的に機能できるという信念 ➤ 職責としてのリーダーシップ
知識・知見	➤ 複数分野の専門的知識（主、副） ➤ 「それは正しいか」の判断力
スキル	➤ 分析的思考、概念化思考 　　（問題解決能力） ➤ 人間力（と総称される能力の集合体）

　⇒ 経営法務人材は突然現れるものではない。長期的、計画的育成が必要。

企業法務部門の在り方（組織）

- Partner & Guardianがキーワードとして浸透

    （Ben W. Heineman, Jr., *The Inside Counsel Revolution: resolving the Partner – Guardian Tension*, 邦訳『企業法務革命』）

- 支援と牽制 ≦ Partner & Guardian

    ⇒ 多くの大手企業の法務部門は、法化社会、グローバル経済が本格化したおそらく15年ないし20年ほど前から、組織内での自分たちの役割、機能をこの方向で見直し中

    ⇒ リーガルリスクマネジメントの実践を通じて、企業の経営執行の質を高め競争力を向上させる、それが企業価値の向上につながっていくという認識の下、当事者として貢献していこうという、自己変革の営み

- High Performance with High Integrity (Heineman)

    ⇒ これからの資本主義の両輪であり、企業の目的は何なのかがますます問われる。CEOはリーダーとしてまさにリードしなければいけないし、GCはこの方向に企業を引っ張るには最適であると指摘

    ⇒ CCOが語ったGEの実践。三井物産でも「よい仕事」からIntegrityを文化に。

企業法務部門の在り方（組織）

- もう一つの手がかり②経営法友会「会社法務部第12次実態調査の分析報告」

    ⇒ 「守り」から「攻め」に転じて、経営・事業部門のPartnerとして積極的に経営に参画しようという姿勢が顕著。

    ⇒ 伝統的な予防法務や臨床法務という観点よりも、いわゆる「GRC」と呼ばれるガバナンス・リスク・コンプライアンスの3つのキーワードを取り上げて会社のGuardianが目指す姿であるとの同答が多数。

- 課題：組織としての経営との距離

組織的には半数以上の法務部門が経営層に比較的近いという一応の回答	（②分析報告）

vs

日米比較における日本企業法務部門の経営陣とのコミュニケーションの希薄さ	（①経産省報告書）

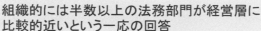

企業法務部門の在り方（組織）

平成版　①経営陣から意見・判断を求められる頻度、②重要交渉への参加、③重要案件の変更可能性、④法務部門の職員数、⑤弁護士有資格者の割合、⑥General Counsel又はChief Legal Officerの設置率といった点において、有意な違いあり。

＊日米いずれも従業員2,500人以上の企業

	比較項目	米国(n=25)	日本(n=255)
経営陣との距離の近さ	①経営陣から意見・判断を求められる（週数回以上）	7割弱	2割強
	②重要交渉に常時または法務部判断で参加	82%	44%
	③法務部判断による重要案件の変更の可否	100%	40%（残り60%は助言のみ）
法務部門の規模	④法務部門の職員数（平均）	40～80名	19名
	⑤弁護士有資格者の割合	7割	2割程度
	⑥GC・CLO設置率	ほぼ100%	23%

⇒　米国企業は、法務部門に相応のコストをかけ、専門集団でもって経営を支える構造

⇒　加えて、リーガルオペレーションズによる業務効率化、プラクティスマネジメント高度化

企業法務部門の在り方（組織）

これからの日本の企業法務部にとって、経営との実質的な距離を解消し、経営に対するさらなる貢献を通じて企業の競争力、企業価値の拡大を実現する一翼を担っていくことが依然として大きな課題

■　米国における革命

⇒　米国も最初から企業法務部門のプレステージが高かったわけではない。

⇒　優秀人材の獲得による好循環と、GCの経営陣入りと権限の強化、Partner化。

■　日本における自己変革

⇒　人的資本における好循環や経営参画の流れは生まれている。

⇒　さらなるブレークスルーのためには何が必要か。

残された課題の克服

■ 経営法務体制の完成を阻害する組織・オペレーション上の課題（①報告書）

a. GCもしくはCLOが設置されていない、または法務の責任者が経営会議に参画していない等によって、組織上、経営と法務がリンクしていない場合が多い。

b. 法務部門が専門性のないビジネスリーダーの指揮命令に服しているケースがあり、その結果、十分に機能発揮できないこと。

c. ビジネスリーダーへの遠慮からGuardian機能が必ずしも十分に発揮できていないケースもあること。

d. 企業として向き合うべき法的リスクを、法務部門による十分な分析なく現場の判断で取れてしまう仕組みであったことで、後々、企業が大きなインパクトを受けた例もあること。

e. 複合化するイシューやリスクに対しては、ビジネス・財務・税務・法務・労務等の各機能面からの総合的な判断が重要になるが、社内のさまざまなファンクションやプロセスが断裂してしまっており、全体最適の統合的対応ができず、機能劣化や非効率化もあること。

⇒ 克服する方法論：CLO、GCの設置を提言

平野の見解： 東京大学法科大学院ローレビュー第17巻
109頁以下 see http://www.sllr.j.u-tokyo.ac.jp/17.html

残された課題の克服（CLOの重要性）

■ 最高法務責任者(Chief Legal Officer)。
= Partner of the management, Guardian of the corporate integrity

> *"The CLO is a critically important corporate actor not only as a key internal player in the C-suite and the boardroom, but also as a crucial outside force – many times being the "face" of the company in dealing with investors, regulators, and media, as well as being a principal corporate negotiator and advocate."*
> E. Norman Veasey, Christine T. Di Guglielmo, *Indispensable Counsel, The Chief Legal Officer in the New Realities,* Oxford University Press 2012, p96

■ CarrollのFour-Part Definition of CSR
⇒ 企業の社会的責任は、経済的責任、法令遵守責任、倫理的責任、慈善事業的責任（自発的責任）の4段階に発展。しかし各責任は時代の要請に基づき相関し、境界も曖昧となるため、統合的な視点で捉える必要がある。

⇒ 社会的責任はSC・取引先の管理やESG投融資の拡大に伴い取引先との間の契約条項、政府・民間調達基準、投融資基準にも組み込まれるようになっており、これらに適切に対応する体制を構築・運用することは、企業競争力を高める。

拡大するCLO・GCの職責

残された課題の克服（経営法務人材の息長い育成）

■ CLOやGCをはれるだけの経営法務人材を育成してきたか。

  ⇒ そもそも、経営法務人材が何かという点が、実は明確ではなかったかもしれない。

経営法務人材とは

「*専門家となる過程を通じて、全社的視野に立った判断力や決断力を発揮できるような能力を備えた人*」（谷田部）

・・・法務の専門家となる訓練を通じて、意思決定における合理性や論理的一貫性、リーガルマインドや人間力を獲得しており、これが判断力や決断力にもつながっている。

■ 経営法務人材はまさに人的資本。その質と量が、法務部門の競争力を決める。

  ⇒ 経営法務人材育成は組織としての責務であり、経営へのコミットメント。

  ⇒ 経営法務人材は若い頃からの長期的な育成が必要。そのための支援や資源投入を惜しんではならない。コスト縮減は、法務部門の中長期的競争力の劣化に直結する。

2024/2/1　14

企業価値向上に資する企業法務の在り方と
人的資本としての経営法務人材

ご清聴ありがとうございました。

2024/2/1　15

▶講 演 資 料

経営から見た法務部門の重要性と法務人材の活躍の可能性

三井物産株式会社代表取締役社長

堀　健一　HORI Kenichi

The 67th
Comparative
Law and Politics
Symposium

MITSUI&CO.

経営から見た

法務部門の重要性と 法務人材の 活躍の可能性

2023年11月7日
三井物産株式会社
代表取締役社長

堀　健一

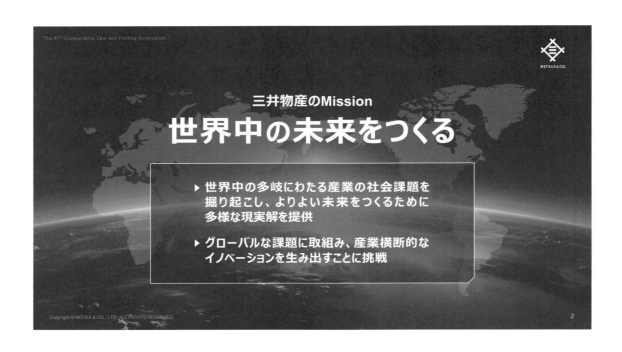

三井物産の中期経営計画2026

テーマ

Creating Sustainable Futures

グローバル・サステナビリティの視点から
あらゆる産業の社会課題を掘り起こし、
そこから新しいビジネスイノベーションを
生み出し、強い事業を創る。

3つの攻め筋

Industrial Business Solution
グローバルな産業横断的
ビジネスソリューションの提供

Global Energy Transition
世界の最重要課題の一つ
エネルギートランジションに対する
現実解の提供

Wellness Ecosystem Creation
多様化するライフスタイルに応え
世界全体の健康を増進する
サービスの提供

3

当社の強みとしての法務機能

グローバル /
幅広い分野への
事業展開

**課題解決の多数の
知見・ノウハウ・機能**

⚖ **法務の主な機能**

事業ポートフォリオ変革 / M&A

ビジネスプロセス / 訴訟・危機対応

経営判断 / コーポレートガバナンス

コンプライアンス / ESG etc.

4

事業ポートフォリオ変革と法務機能

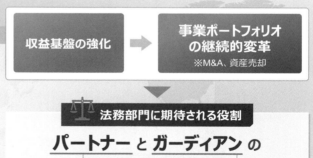

外部環境の
急激な変化・将来を
見通すことが困難

収益基盤の強化 ➡ **事業ポートフォリオ
の継続的変革**
※M&A、資産売却

⚖ **法務部門に期待される役割**

パートナー と **ガーディアン** の
両面機能の発揮

事業部に並走して案件をまとめる　　会社の権利を守る

5

M&A等事業投資、ビジネスプロセスにおける法務機能

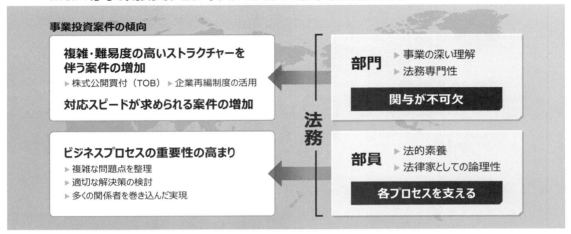

6

訴訟・危機対応における法務部門の役割

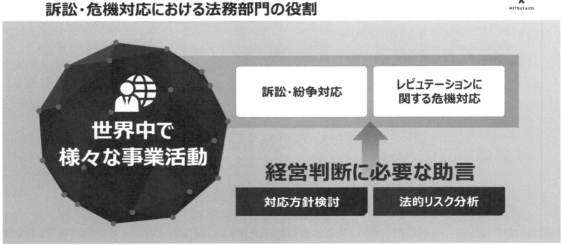

7

経営判断に対する法務支援、法務知見の経営への活用

8

コーポレートガバナンスと法務機能

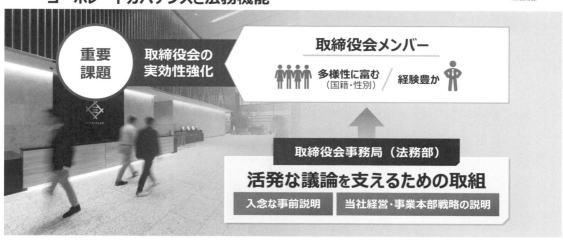

9

The 67ᵗʰ Comparative Law and Politics Symposium

コンプライアンスと法務機能

Act with Integrity
～真摯に誠実に～
"社員一人ひとりが正しいことを"

法務部
コンプライアンス室の役割
▶ 実務対応
▶ グループへの
Integrity浸透を先導

コロナ禍以降、働き方の変容
リモートワーク、フリーアドレス等

社員の多様性の更なる拡がり

必要な環境づくり

| 自由闊達な 議論が可能 | 困ったとき 声を上げられる |

スピークアップ文化の醸成

10

The 67ᵗʰ Comparative Law and Politics Symposium

ESGの時代における法務機能（1）

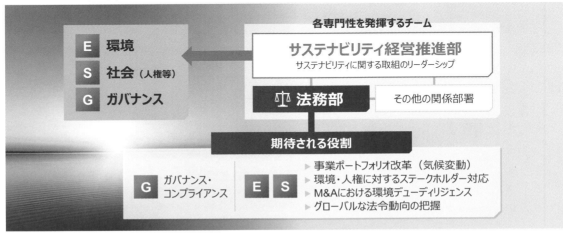

各専門性を発揮するチーム

E	環境
S	社会（人権等）
G	ガバナンス

サステナビリティ経営推進部
サステナビリティに関する取組のリーダーシップ

法務部 — その他の関係部署

期待される役割

G ガバナンス・コンプライアンス

E S
▶ 事業ポートフォリオ改革（気候変動）
▶ 環境・人権に対するステークホルダー対応
▶ M&Aにおける環境デューディリジェンス
▶ グローバルな法令動向の把握

11

ESGの時代における法務機能（2）

社会の声 ➡ ソフトロー ➡ ハードロー ▶ 国・地域による 動き・スピード感 の違い

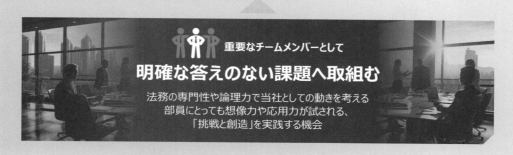

重要なチームメンバーとして
明確な答えのない課題へ取組む
法務の専門性や論理力で当社としての動きを考える
部員にとっても想像力や応用力が試される、
「挑戦と創造」を実践する機会

12

法務部門と多様性

当社が大切にしているもの

ダイバーシティ
多様な専門性やバックグラウンド

&

インクルージョン
多様な個を1つのチームにまとめる

多様な人材が活躍する場の先駆け

| ジェンダー/国籍 | 新卒（学部卒・法科大学院卒・司法修習修了）キャリア採用 | 女性の活躍 女性比率4割超 | 子育て世代の活躍 |

13

57

法務人材の活躍機会（1）

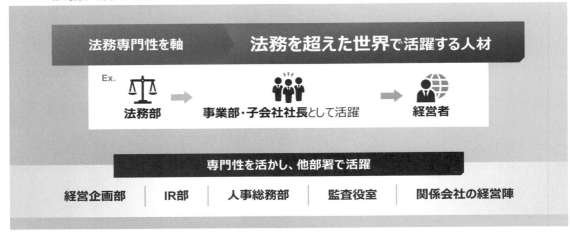

法務専門性を軸　　**法務を超えた世界**で活躍する人材

Ex.
法務部 ➡ 事業部・子会社社長として活躍 ➡ 経営者

専門性を活かし、他部署で活躍

| 経営企画部 | IR部 | 人事総務部 | 監査役室 | 関係会社の経営陣 |

14

法務人材の活躍機会（2）

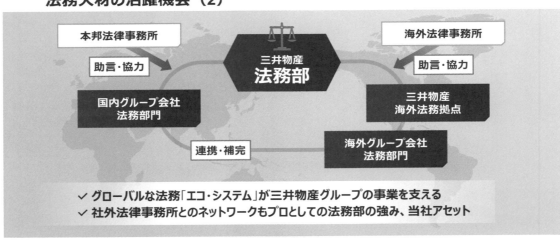

本邦法律事務所　　　　　　　　　　海外法律事務所

助言・協力　　三井物産 **法務部**　　助言・協力

国内グループ会社 法務部門　　　　三井物産 海外法務拠点

海外グループ会社 法務部門

連携・補完

✓ グローバルな法務「エコ・システム」が三井物産グループの事業を支える
✓ 社外法律事務所とのネットワークもプロとしての法務部の強み、当社アセット

15

法務人材の活躍機会（3）

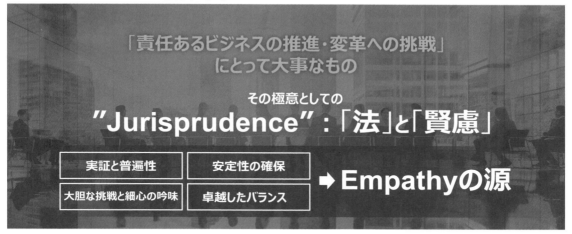

「責任あるビジネスの推進・変革への挑戦」
にとって大事なもの

その極意としての
"Jurisprudence"：「法」と「賢慮」

実証と普遍性	安定性の確保	➡ Empathyの源
大胆な挑戦と細心の吟味	卓越したバランス	

17

法務人材の活躍機会（4）

活躍の機会はますます高まる

経営者・リーダー層・企業内で広く活躍する人材

18

360° business innovation.

▶講 演 資 料

サステナビリティ・ガバナンスへの取り組みにおける企業法務の役割

東京大学大学院法学政治学研究科教授

松井智予　MATSUI Tomoyo

法務とサステナビリティ

※　本報告の引用内容は出典を付しています。ご参照の際は引用元を確認の上、頒布転載などは引用元の指示に従うなど、くれぐれもご注意下さい。

企業とリスクの関係に関する議論の系譜

- 1980年代前半のアメリカにおける多くの企業の経営破綻
- ⇒トレッドウェイ委員会組織委員会を組織、1987年　不正な財務報告に関する報告書
- 1992年〜　内部統制の統合的フレームワーク
- 2004年〜　COSO 全社的リスクマネジメント（COSOキューブ。）
- 2017年　　COSO ERM（三線ディフェンスなど、内部統制の運用に係る組織づくりが進む⇒一方で硬直的なリスクマネジメントの問題点が認識される。経営戦略は所与であり、経営目的の失敗するリスクを考慮していた⇒事業戦略およびビジネス目標の達成に影響を与える不確実性全般をリスクとして対処するという考え方に）
- サステナビリティ課題への関心（法務部組織の変革）

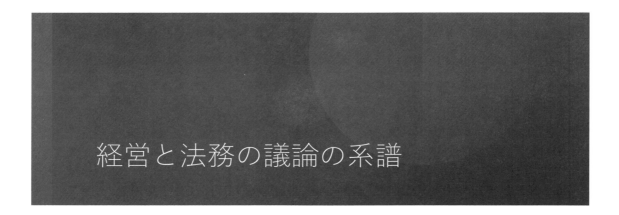

経営と法務の議論の系譜

米国における内部統制に係る連邦証券規制の完成

2002年エンロン・ワールドコム事件を契機に企業改革法（public Company Accounting Reform and investor protection Act of 2002）制定

 cf. Paul Sarbanes上院議員、Michael.G.Oxley下院議員の名前から SOX法と呼称

➤ SOX法における内部統制規制

 ☞ 1977年FCPA内部統制構築義務に加え、有効性評価、監査、開示のフルセット規制

 ・302条・・・CEO及びCFOは、自社の財務情報に関する開示が適正であることを宣誓。

   加えて302条SEC規則では、開示統制・手続の維持義務を規定

 ・404条・・・経営者による「財務報告に係る内部統制」の有効性評価

   ＋外部監査人による内部統制監査

    ← 404条が依拠する代表的なフレームワークがCOSO内部統制

➤ 小規模なSEC登録会社に対しては、過大な規制コスト負担の懸念から内部統制「監査」はのちに免除

 ・ 第7回 消費者法分野におけるルール形成の在り方等検討ワーキング・グループ（内閣府・2018年7月30日）資料1－2   4
  https://www.cao.go.jp/consumer/history/05/kabusoshiki/torihiki_rule/doc/007_180730_shiryou1_3.pdf

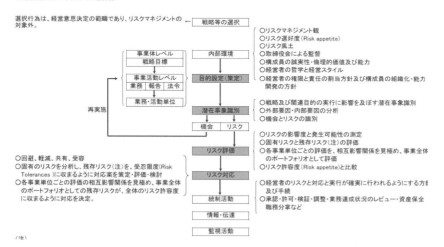

5. 全社的リスクマネジメントの全体像

金融庁2005年4月27日報道発表資料「ＣＯＳＯレポートの概要等について　『内部統制フレームワーク』と『全社的リスクマネジメント』」https://www.fsa.go.jp/news/newsj/16/f-20050427-3/01.pdf

改訂ERMの強調点とその機能

・改訂ERMの最大の強調点は、経営課題への取組みとしてリスク・マネジメントのアプローチを浸透させること

⇨ 企業のコア・バリューの向上をもたらす企業ミッションの達成には上級役員層の経営戦略としてのリスクマネジメントが不可欠

・ 企業カルチャーの重要性を強調

cf. 1992年COSOフレームワークでは統制環境のなかで指摘

⇨ 自律的ガバナンスの前提条件・・・Ethics & Compliance

「カルチャーは、事業体のミッションとビジョンの達成を支援する。リスクを認知するカルチャーは、リスクを管理することの重要性を強調し、透明性をもち、かつ適時なリスク情報の伝達を促進する。これは懲戒によってではなく、理解、説明責任および持続的成長を重視する姿勢によって行われる」

- 第7回 消費者法分野におけるルール形成の在り方等検討ワーキング・グループ（内閣府・2018年7月30日）資料１－３
https://www.cao.go.jp/consumer/history/05/kabusoshiki/torihiki_rule/doc/007_180730_shiryou1_3.pdf

6

伝統的な議論の対立軸

- 企業の「リスク」（不祥事等につながるイレギュラリティ）を抑制する機能をどのように全社横断的に構築し、それをどの部署に担わせるか？

- 企業の「リスク」（事業上の目的を達成できないリスク）を制御する機能をどのように構築し、どの部署に担わせるか？

- 両者は要求される要素が異なる（前者はマネジメントを抑制できる権力である必要。後者はマネジメントとの緊密な連携）

経済産業省
「国際競争力強化に向けた日本企業の法務機能の在り方研究会報告書」2018年4月 ⇒ 2019年11月

- 「ガーディアン機能」
- 「パートナー機能」
- （"The Inside Counsel Revolution: Resolving the Partner-Guardian Tension"by Ben W . Heineman Jr. ）
- ⇒報告書に言う「法務部門」という言葉は、社内の一つの部門を指しているとは限らない。日本で現実にどの部門がここにいう機能を担っているかは会社によって異なる（内部監査、IR,コーポレートガバナンス、リスクマネジメントなど）。同時にアメリカの「legal department」が「internal audit」など含めた上記機能をすべて果たしているわけでもないため、単純な比較は難しい。
- 以下では、組織比較ではなく「法務機能」について考える。

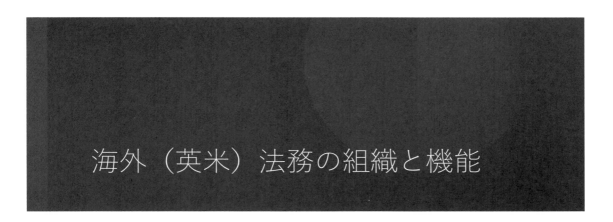

海外（英米）法務の組織と機能

Secretary (Chief Governance Officer etc.)
General Counsel & Legal department
Internal Control , Internal Audit

❶Secretary（書記役）とは

- 取締役会の議事録等を作り関連法文書を保管⇒他の会社関係者との連絡・調整係を果たし、ステイクホルダーシップのなかで重要な役割

- コンプライアンスや取締役会の効率性を確保する責任。ESG の文脈では、ステイクホルダーとの対話、ESG関連課題を吸収し、ステイクホルダーらと調整したESG の考慮事項に優先順位を付け、業務や意思決定のプロセスに組み込むのを支援

- イギリス会社法1173条(1)　英会社法における「役員」（"officer"）は、法人団体(body corporate)の取締役 (director・250条)、支配人 (manager)又は書記役(secretary)

- アメリカでは州法規定（ジョージア州法14－2－1622。フロリダ州事業会社法607-0704など）や、条文はないがその解釈として判例上言及されている例（カリフォルニア州会社法207条など)がある。米におけるofficerはdirectorを含まず、法の規定はまちまちだが会長／社長 (president)、副会長／副社長 (vice-president)、書記役 (secretary)、会計役 (treasurer)がある。

UK Companies Act 2006

- 271条　公開会社は書記役を置くことを要する。
- 272条　国務長官が会社が書記役を置く義務に反していると認めるときは、本条にしたがい指示（是正措置）を下すものとする（指定された期間内に任用および当該認容の告知を行う⇒法人及び各役員が違法行為、日額の罰金の発生）
- 273条　取締役は知見・経験を持ち以下のうち一つの資格を満たす書記役を確保するための合理的な手続を踏む義務を負う
- (a)　任命直近5年のうち3年間公開会社の書記役のオフィスを有していた
- (b)　公認会計士協会のメンバーである
- (c)　バリスタ、アドヴォケート・ソリシタのいずれか（弁護士）である
- (d)　現在（過去に）地位を有し（有した）、あるいは他の組織の構成員である（あった）ことにより、当該会社における書記役の機能を免除できる能力のある取締役であるように見えること

書記役の身分保障と責任

- UK2006年会社法には、任期や解任についての規定はない。

- ⇒任期は任用契約中に定められる（無期もありうる）。TM02というフォームによる登記事項となり、改善命令等における説明の対象となりうること等から、取締役会決議の可決および承認によって行われることが慣行となっているようである（株主との協議や承認は不要だが、会社の定款や社内のガバナンス規定に別の実質・手続的要件が規定されている場合にはこれを充足することが求められる）

- 業務内容は会社の書類の管理であり、登記所提出書類は認証するが、有報の認証等はしない。しかし、以下のように様々なオフィサーを兼務したり、投資家の関わりが強い場合に調整役として機能することで、経営に強く関与しうる。

- 書記役は必ずしも法令上の要請ではないこと、法令に定められていても名称にかかわらず認定されることなどから、CAO,CFO,Chief Governance Officer、general counsel(法務部長）と兼任する者も。取締役会のメンバーとなり、監査委員会等に所属する/事務局を務める場合には独立取締役等との接点も（Officerやdirectorの役割や兼務は自由なため）。

※参考・国立銀行条例4条3節

- 「此頭取取締役等ハ銀行ノ業ヲ始ムルニ当リ支配人会計役書記役其他ノ役員ヲ定メ諸役ノ勤向ヲ取極メ約束ヲ掲ケ罰例ヲ設ケ便宜胤既進退等諸般ノ条件ヲ換載シタル申合規則ヲ取設ク可シ」（同条例四条第三節）。

- 「取締役等ハ又銀行ノ事務ヲ取扱フヘキ支配人並ニ書記勘定方帳面方等ノ役人ヲ選任シ又右ノ諸役人等ノ給料ヲ第六条）。

- 「取締役等ハ又銀行ノ書記及ヒ役人等ノ職掌ヲ分課シ其身元ノ引受人ヲ約シ罰金ヲ予定スルノ権アルヘシ」（同条）。

- 「取締役ハ三ヶ月毎ニ其内ヨリ一人ヲ選挙シテ検査役タラシムヘシ此検査役ハ当銀行ノ有高ヲ計算シ勘定ノ差引ヲ改メ諸帳面ノ締高等ノ正直ナルヤ否ヲ検査シ又当銀行商業ノ実際憧ニ立行タヘキヤ否ヲ検査シ其顛末ヲ集会ソ節取締役一同ニ報告シヘシ」（同申合規則文例第一九条）。

- 　白国棟「株式会社監査制度論」https://core.ac.uk/download/pdf/144438379.pdf

※参考　米Chief Compliance Officerとの異同

- Chief Compliance Officerはアメリカ法（ドッド・フランク法）上、スワップ取引業者等に設置を義務付けられる役職。Commodity Exchange Act　4d(d)、4s(k)（15 USCS § 78m、78o-10）に従い、同法のコンプライアンスを担保するために文書を管理する。（CCOは地方公共団体や公的ファンド等の公正な運用を監督するために規定されることが多い）

- 登録は義務付けられないが、コンプライアンス・ポリシーを作成し、利益相反や不遵守の問題を解決し、取締役会・監査委員会およびオフィサーにコンプライアンスに関する報告を行い、その全員に年次報告書を送付のうえ規制庁に提出する。

❷General Counsel（米）

- General Cousel（Chief Legal Officer, 法務顧問。従来の会社において法務資格のあるCEOのアドバイザー、法務部長として機能。大企業では、米国では元司法長官や司法副長官、元ホワイトハウス法律顧問、元連邦地方裁判所判事や控訴裁判所判事、重要な規制機関の執行責任者や上級幹部らがこの役職についているという。

- Ben W. Heineman, Jr. "Risk Management　The Rise of the General Counsel"（September 27, 2012　Harvard Business Review　https://hbr.org/2012/09/the-rise-of-the-general-counsel)）

- 歴史的にはウォール・ストリート経験者などであったがエンロン事件以降法務キャリアが重要性を増し、ドッド・フランク法以降GCとCCOが兼任される動きも起きた。ただし、DF法の報告書の役員回付と提出を法定されるCCOと異なり、GCはCEOのサポートをしてきた点で性格が異なる。

- Eden Marcu, *One Person, Two Hats: Combining the Roles of Chief Compliance Officer and Chief Legal Officer*, 47 Fla. St. U. L. Rev. (2022). https://ir.law.fsu.edu/lr/vol47/iss3/6

Legal Team, in-house lawyers etc. (GC下の法務部門)

- 法律協会の最新の年次統計報告書によると、英国だけでも推定31,000人の社内弁護士が登録されており、この数字は過去20年間でほぼ3倍に増加している。
- The Law Society "Annual Statistics Report 2021"
- https://www.lawsociety.org.uk/topics/research/annual-statistics-report-2021
- 弁護士事務所の視点からは、パートナーの利益を維持するために若手弁護士の報酬体系が抑圧され、社内法務への流出があったとも考えられる。
- Ben W. Heineman, Jr. "Risk Management The Rise of the General Counsel" (September 27, 2012 Harvard Business Review https://hbr.org/2012/09/the-rise-of-the-general-counsel)
- 増加する法務部門の仕事はインハウスのほか外部やAlternative Legal Service Providerに流れているとされる。
- Corporate Legal Operations Consortium "State of the Industry Report 2021"
- https://cloc.org/2021-state-of-industry-survey/

英（豪）Company SecretaryとGeneral Counselの兼任について

- GCが会社秘書役を兼務すべきかどうかについての指摘がある（オーストラリアの論稿）。
- Putting the Cart before the Horse? The Liability of Company Secretaries and General Counsel for Defective Disclosure、(2018) 33 Australian Journal of Corporate Law 55
- 同国でのGCの意見は割れている。レポーティング・ラインが異なり利害が齟齬していることや仕事量を根拠とする反対派と、相乗効果、取締役会へのアクセス（出席義務のある書記役がGCとして報告をすれば済むため）、「その役割に最適な人物」かどうかが重要であること（取締役会においてリスクマネジメント視点が重視されるようになる）を強調する賛成派がいるようである。同じ指摘はドイツやイギリスでもなされる。
- KPMG, "Restoring Corporate Trust: what it means for general counsel"
- https://kpmg.com/au/en/home/insights/2019/11/restoring-corporate-trust-role-general-counsel.html
- Egonzehnder.com, "HUMAN RESOURCES EXECUTIVE SEARCH: General Counsel and Company Secretary: To Combine or Not to Combine"
- https://www.egonzehnder.com/functions/human-resources/insights/general-counsel-and-company-secretary-to-combine-or-not-to-combine

大会社は兼任の促進・解任の動きが併存

- コンサルティング会社のウェブを見る限り、英FTSE100 社では、2010年から20年にかけ、40％強の企業でGCとsecretaryが兼務されている状況が続いている（分ける動きと兼任の動きが併存）ようである。米インハウス・カウンセル協会のレポートでも50％強が兼任となっている。
- Egonzehnder"HUMAN RESOURCES EXECUTIVE SEARCH:General Counsel and Company Secretary: To Combine or Not to Combine" (2011)
- https://www.egonzehnder.com/functions/human-resources/insights/general-counsel-and-company-secretary-to-combine-or-not-to-combine
- Stonehaveninternational"Governance and the role of the company secretary　Narch 2018"
- https://www.stonehaveninternational.com/governance-and-the-role-of-the-company-secretary-march-2018/
- "2022 ACC Chief Legal Officers Survey"
- https://www.acc.com/sites/default/files/2022-01/ACC-CLOreport22_Final2.pdf
- 兼任を採用するかどうかは、多くの要因、特にビジネスの規模（小規模ならば書記役のみを置き社内弁護士を置かないなど）と成熟度、および競合するセクター（競争や規制が激しい場合は法律人材が多い）、組織構造の選択（機能的構造、地理的構造、事業単位構造など）にも依存する。

※マーケットおよび地域による機能の差

- 2013年のKPMGのレポートによれば、GCのうち取締役会のメンバーである者は38％、43％は取締役会に出席するか直接のレポートラインを保有し、19％はその他の間接的なレポーティングラインを持っている状況であった（P5）。
- 北アメリカ（46％が取締役会等のメンバー、３６％が直接報告、19％が間接報告）とアジア・太平洋（20％がメンバー、33％が直接報告、48％が間接報告）では顕著な地域差が存在する（P6）。
- 成熟したマーケットに関するGCのほうが、成長マーケットのGCよりもビジネスにかかるアドバイスの重要性を重視している（Ｐ７）。
- KPMG "Beyond the Law : KPMG's global survey of how General Counsel are turning risk to ad"
- https://assets.kpmg.com/content/dam/kpmg/pdf/2013/01/general-counsel-survey-v5.pdf

※法的執行・監督部門の長に占める女性の割合

• Hampton-Alexander Review "FTSE Women Leaders ：Improving gender balance - 5 year summary report" February 2021

• https://ftsewomenleaders.com/wp-content/uploads/2021/02/HA-REPORT-2021_FINAL.pdf

• P17

❸Internal Audit（3線ディフェンスの現在）

• IIA（Institute of Internal Auditors　アメリカ・内部監査人協会）　Position Paper, The three lines of defence in effective risk management and control, January 2013

• ⇒the IIA's Three Lines Model- an update of the Three Lines of Defense, 2020

• https://www.theiia.org/globalassets/documents/resources/the-iias-three-lines-model-an-update-of-the-three-lines-of-defense-july-2020/three-lines-model-updated-english.pdf

• プリンシプル・ベースのアプローチの採用。実際には統治機関、経営陣、内部監査が元のモデルのような厳格な境界線や役割が組織にそのまま存在するわけではない。1線と2線の間にはかなりの流動性があり、順番にではなく並行的・輻輳的にチェックされる。ビジネス目標の達成を共通の目的とした、「ライン」を越えた協力・コミュニケーションが重視される。

• 主要な参加者の役割の明確化　原則の多くは経営レベルに関することであることが重要（組織のリスク管理と制御の枠組みを監督する統治機関、適切なガバナンス構造とプロセスの確保についてのステイクホルダーへの説明責任）

• 「ディフェンス」の目的　リスク管理が目標の達成と価値創造に貢献することが重要とされ、株主やステークホルダーに対する価値の創造と保護を目指すこととされる。

1線と2線、2線と３線の関わり

- GCおよびin-house lawyersは、内部統制では1線（訴訟や契約管理、各部門へのアドバイス、Anti-Fraudの実行、外部法務の管理など）としてかかわる場面と、2線のなかの法務リスク部門（1線の構築と運用を監視。法務だけでなく、財務、セキュリティ、システムなど様々な部門と協力する体制で運用）を担う場面の2つで活動する。
- ３線は内部監査機能であり、1線・2線を監視。1線や2線の不備を経営に報告する点ではＧＣやsecretaryの位置づけと重なる。報告する先は、GCについて議論があるのと異なり、取締役会に報告する独立の組織という特徴を強く持つ。
- The Three Lines of Défense in Effective Risk Management and Control – IIA Position Paper
- Legal Risk Management – A Heightened Focus for General Counsel – Deloitte Legal 2019

内部統制（Internal Audit（UK））

- BEIS," Restoring trust in audit and corporate governance" May 2022
  https://assets.publishing.service.gov.uk/government/uploads/system/uploads/attachment_data/file/1079594/restoring-trust-in-audit-and-corporate-governance-govt-response.pdf
- 背景…カリリオンやBHSのような突然の大規模破綻を防ぐ
- 　　　　　キングマン・レポート、ブライドン・レポートの存在
- 　　※林隆敏「カリリオン事件とイギリスにおける監査制度改革議論」同志社商学71巻6号（2020）119頁
- 同報告書2.1.8以下…法令上の内部統制報告義務の外部監査制度がなかった⇒強制する制度の導入が提唱される
- 内部統制よりもビジネスモデルや意思決定の失敗による損害のほうが大きいこと、COSOフレイムワーク導入のコストが大きすぎること、会計士の能力不足など様々な反対があった。
- 2023年会社法改正草案では、取締役報告書に、年次報告書・レジリエンス声明について、現状の内部（およびある場合は外部）監査と、3年の間にどのようにこれを強化するかを書き込むことを求める（大会社から始めて2025年度以降予定）。
- ⇒３ライン・ディフェンスや内部監査が海外でどこでもうまく制度化されているわけではない。コストや防御的すぎる運用などへの警戒。

まとめ

- 「書記役」の規定は文書管理について述べるのみであるので、役会議題の調整（総務）、コンプライアンスのチェック（法務）、ステイクホルダーとの意見交換（ガバナンス）、ファイナンスなどの観点を盛り込んだオフィサーと兼務するかどうかは会社ごとに異なる。いずれの場合でも、イギリス法上は書記役は、経験者等のほか弁護士や会計士などの専門知識を有する人員であることが要件の一つに含まれている。

- GCと書記役は兼務される場合もあるが、GC下で活動するin-house lawyersは基本的に1線・2線に属することもあり、取締役会への報告を重視する場合には分けられる。このほか、CCOなど（国によりおかれる執行部門が異なり得る）との兼務もありうる。

- 3線は監査委員会等に報告し、書記役は調整という整理になるが、書記役に3線を担わせる整理が提唱される国も（インド）

ESGと監査・法務の関係

日本における「経営監査」という提言
内部監査/デュアル・レポーティング

- 日本では経営への提言機能は2線よりも3線＝内部監査部門について言われてきた。「経営監査」という言葉は日本独自。

- 「社長の目」だった内部監査を経営者を監督できる組織にする。他方で、準拠性監査から経営計画の評価などの高度な問題をも取り扱える能力が望ましいとのスタンス（経営目的達成「のみ」のために特化した提言は望ましくない

- 現実には、内部監査部門は社内のローテーション配属で、不祥事告発機能が能力的にも立場としても弱い⇒常勤社内監査役・監査委員のレベルでも不祥事の隠蔽を黙認する例がある⇒社外役員は内部監査・常勤監査役からの情報に依存し、モニタリング不全のリスク。一部の企業では内部監査の独立性を高めているものの、体制としては社長だけでなく取締役会や監査役会などへのレポート（デュアル・レポーティング）が提言される程度。

- 東芝は「経営監査部」に事業性監査を重点的に行わせ、コンサルティング業務を担わせていたことの反省から、コンサル業務は経営企画に切り出している。⇒日本のカルチャーで2線（法務）に提言機能を担わせる場合、ガーディアン機能との両立をどう図るのかという問いが避けられない。

監査役や法務部からの経営提言？

- 「業務プロトコルが改正法に対応していない」（執行部門として指摘）

- 「中期経営計画をブレイクダウンしたKPIの設定により、特定の目標達成に焦点があたりすぎ、ハイリスク・持続可能性のない事業プランが策定されている可能性がある」「特定のプロジェクトを重視して人員を割り振ったために、他の分野において知見のある人員が不足し、ミスが発生するリスクが増加している」「グループ全体の業績を適正に評価するシステムになっていないため、子会社Aにおける業績不振を過小評価しようとするバイアスが働いている」（会社のインセンティブ・資源配分の歪みへの指摘。執行部門と経営部門の境界）

- 「2線部門が機能不全となっている」「事業プランにおいて、展開予定地域における環境・人権等リスクが軽視されている」（内部監査やビジネスプラン全体への経営目線での提言）

- 「財務諸表上の指摘事項や機関投資家等からの申し入れに対するに対する経営陣の対応が鈍い」（経営への提言）

- ⇒リスクを指摘。経営陣による不正の助長等は指摘により改善されるが、事業執行への指摘は改善を招くとは限らない。

提言のなかには
経営に対するパートナー機能が含まれる

- 現状、「監査」や「法務」は、リスク「削減」を重視するため、リスク「マネジメント」（経営判断）への参画という意識が希薄⇒コンプラの指摘を遵守する企業ほど、リスクの指摘が続きコストの源泉になる。

- 「KPIを、ハイリスク・持続可能性のない事業プランが促進されないように修正した（＝別の面のリスクが発生する可能性があるが、妥当であれば容認する）」「ミスが発生するリスクが増加している部署に人員を配置しなおした（＝重点を置いたプロジェクトの人員は手薄になるため、未達のリスクはある程度高まるが容認する）」
- というような事業上の提言を行うことは、別のリスクを取ることでもあり、経営判断そのものとなることを避けられない可能性。

ESG課題提言の特徴

- 現行ビジネスが将来直面するリスクで、しばしば現状では認識されていない新しいリスク（サステナビリティ・ESG）を発見しなければならないという特徴がある。
- 従来はESGは単なるコストと認識されてしまい、建設的な議論ができるかという問題があったが、近年では、地政学上のリスク、デジタル化・気候変動やパンデミック・人的資本等の要因などが会社に与える影響は格段に認識されやすくなった。
- 他方でリスクを指摘する（言いっぱなし）だけでは経営が萎縮する。ビジネス上の目的を達成できなくなるリスクのマネジメント（ERM）の一環として、ESGへの取り組みが妥当なものか、どのような対応だと妥当と評価できるか（定量化や見える化、KPIへの落とし込みなど含む）をアドバイス
- ＝認識されていなかった課題から解決策までを呈示することになり、より一層経営判断に踏み込んだ活動になる

サステナビリティを考慮する法務・実現の課題

- 「ESGを含めて考えた会社のリスク」の認識は、あくまで経営層に持ってもらうことが重要であり、認識形成を広い層で支える必要。
- 会社の規模・国際性の問題
- 　サプライチェーンが国際的なのに、広がりを認識しきれていない
- 投資家の意識の急激な変化の問題
- 　投資家（出資者）層のESGへの関心の意図を汲めていない
- 現状の組織を前提とした発想の問題
- 　ERMにESGが取り込まれると、法務やIRはよりいっそう経営に踏み込んだ提言機能をするようになるが、そのように活動する組織をどう作るかイメージしにくい
- （⇒法務で見解まで作って強制するよりも、どのステイクホルダーの声をどう聞くかを考えるべきではないか。書記役のように「調整」が実際には重要な機能を果たす）

ガーディアン機能とパートナー機能

- 日本では、経営トップの強権による役員レベルでの内部統制の無効化が指摘される場合がある。対処としては、まずは内部監査の社内取締役からの独立を達成し、また法務が「正しいこと」に仕えるという意識を培う＝「ガーディアン機能」の重視が必要。
- 他方で、法務や監査が経営方針への言及を行い、結論を左右し得るということへの意識が希薄。また株主やステイクホルダーとの積極的な対話の窓口となる人間にリーガルな素養が必要という意識も希薄。「パートナー機能」も強化が必要。
- ⇐各社、どの部署がどうやって担っていくのか？両立はできるのか？新しい役職を海外に倣って作ることに意味はあるのか？
- 海外でも、社内法務のプレゼンスの増大は内部統制導入以降の新しい問題。（ただし、社内リーガルスタッフは社外法務にもなり得る人材という点は日本と異なる）。GCと書記役の兼務の可否、内部監査との関係なども新しい問題で、各国・各社各様の対応。⇒日本の三様監査はわかりにくいとも言われたが、各国の内部統制もわかりにくく、必ずしも独立性が確立しているわけでもない。「スタンダード」はなく、現状はカルチャーを考慮した導入を試行錯誤するほかはない。

第67回比較法政シンポジウム「トップマネジメントと共に考える企業法務の未来」
講演者紹介

堀　健一（ほり・けんいち）

三井物産株式会社　代表取締役社長

1962 年生まれ。 慶應義塾大学経済学部、米国シカゴ大学ビジネススクール各卒。
1984 年三井物産入社。米国三井物産SVP Financial Markets Business Division、商品市場部部長、IR 部長、経営企画部長などを経て 2014 年に執行役員。16 年ニュートリション・アグリカルチャー本部長。18 年代表取締役常務執行役員、19 年代表取締役専務執行役員。21 年 4 月に代表取締役社長 最高経営責任者（CEO）。

少徳　彩子（しょうとく・あやこ）

パナソニックホールディングス株式会社 取締役 執行役員 グループ・ゼネラル・カウンセル（グループGC）

筑波大学第二学群比較文化学類、中央大学法学部、米ペンシルベニア大学ロースクール各卒。1991 年松下電器産業株式会社（現パナソニックホールディングス株式会社）入社。AVC ネットワーク社、コネクティッドソリューションズ社、オートモーティブ社等の社内分社の法務責任者を経て、2022 年から現職。2023 年から法務機能の今後のあるべき姿を考える有志団体である戦略法務・ガバナンス研究会の会長も務める。

前田　絵理（まえだ・えり）

EY弁護士法人　アソシエートパートナー

EY弁護士法人にて主に法務機能コンサルティングおよびリーガル・マネージド・サービスに従事。日本国および米国NY州弁護士、経営学修士（MBA）、公認不正検査士。

EY弁護士法人への加入前は、2007年より西村あさひ法律事務所に勤務後、2011年より旭化成株式会社にて企業内弁護士として勤務。同社にて法務部門のほか、経営企画部門、買収先米国企業の法務部門、インド子会社の役員を経験。その後ジョンソン・エンド・ジョンソン株式会社の法務部門を経て、2021年7月から12月までEYストラテジー・アンド・コンサルティング株式会社にてLead Legal Counsel。2024年7月より現職。戦略法務・ガバナンス研究会共同代表幹事、知財・無形資産経営者フォーラムアドバイザー、日本組織内弁護士協会理事、国際取引法学会理事。

松井　智予（まつい・ともよ）

東京大学大学院法学政治学研究科教授

1999年東京大学法学政治学研究科卒。2001年法務省民事局民事法制管理官付。東北大学法学研究科助教授（のち准教授）、上智大学法学研究科准教授・教授を経て2020年より東京大学法学政治学研究科教授。研究分野はコーポレート・ガバナンス、ESG、商取引法。近著・活動に、「シンポジウム「機関設計」に関する規律の再検討」（日本私法学会私法、2022）120－162頁、「日本における人権尊重関連制度の現状と経営陣リスク（特集　サプライチェーンの人権尊重をめぐる法的問題：「人権尊重ガイドライン」を契機に）」ジュリスト1580号（2023）14－20頁など。

平野　温郎（ひらの・はるお）

東京大学名誉教授

1982年三井物産入社、法務部門所属。2002年香港大学Diploma in Legal Studies修了。台湾・香港・中国（北京、上海）・ニューヨーク駐在、法務部門の人材管理・育成を担う総合開発室長等を経て東京大学大学院法学政治学研究科教授。米国Columbia University School of Law 交流客員教授（2023年）。国際取引法フォーラム会長、国際商取引学会・国際取引法学会・ローエイシア・アジア法学会各会員、日本法令外国語訳推進会議構成員（現・オブザーバー）。

別冊 NBL No.189
東京大学比較法政シンポジウム
トップマネジメントと共に考える企業法務の未来

2024年7月10日　初版第1刷発行

	堀　　健　一	少　徳　彩　子
編　　者	前　田　絵　理	松　井　智　予
	平　野　温　郎	

発　行　者　　石　川　雅　規

発　行　所　　㈱商 事 法 務

〒103-0027 東京都中央区日本橋 3-6-2
TEL 03-6262-6756・FAX 03-6262-6804〔営業〕
TEL 03-6262-6768〔編集〕
https://www.shojihomu.co.jp/